子どもに伝えたい〈三つの力〉

生きる力を鍛える

斎藤　孝 *Takashi Saito*

NHK BOOKS
[928]

日本放送出版協会

Printed in Japan
［第七章写真撮影］鈴木康弘

はじめに――なぜ〈三つの力〉なのか

総合的な学習が、小学校のみならず、中学・高校でも本格的にカリキュラムとされるようになった。ねらいは、各教科に限定された知識のつけ方ではなく、テーマや課題に即して総合的な学習力をつけていこうということである。総合的なのは、内容だけでなく、学習の方法も総合的であることが目指される。教師が一方的に教えるのではなく、子どもたちが自分で調べたり発表したりすることも含めて、これまでの一斉授業中心のあり方から、子どもが主体性を持って調べ、表現していく学習のあり方が目指されている。

しかし、総合的な学習の導入に不安を持っている教師も多い。各教科の基礎力が低下しつつある現在、いっそうその低下傾向に拍車がかかってしまうのではないか、という不安もその一つである。また、総合的な学習を通して、いったいどのような力を身につけさせることができるのか、ということについてのはっきりした目算もないままに行えば、恣意《しい》的で散漫な時間となってしまう不安もある。

こうした不安は、「生きる力」という文部科学省のキャッチフレーズにかんしても同様である。生きる力が必要であり、それをつけさせるべきだということに反対する者はおそらくいないだろう。

しかし、具体的に何をするのかとなると、あまりにもさまざまなことが考えられる。算数のような教科が生きる力につながっていないとは、もちろん言えない。総合的な学習であることだけが、生きる力を伸ばすものではない。では、これまでの教科の学習と総合的な学習をつなぎ、しかもそれが「生きる力」を鍛えることにもなるためには、どのような課題意識をもって臨めばよいのであろうか。それに答えるのが、本書の大きなねらいの一つである。

子どもに本当に伝えたい、伝えなければならない力とは何なのか。これを明確にし、多くの人が伝えるべき力についての共通認識を持つことによって、朦朧《もうろう》として浮き足立った教育の現状から抜け出すことができると私は考えている。私が提言する、子どもに伝えたい力の基本は、〈コメント力（要約力・質問力を含む）〉〈段取り力〉〈まねる盗む力〉という〈三つの力〉である。親は自分の子どもに対して、厳しい状況に放り出されたとしても生き抜いていくことができる力を身につけさせてやりたいと願っている。受験だけで通用する狭い学力では、もはや社会を生き抜く力にはならないことをみなが感じはじめている。この〈三つの力〉は、私がコンセプトとして考え出したものではあるが、内容を聞けば、おそらく誰もが理解し納得できるものである。奇をてらった概念ではなく、誰にとってもベーシックであるようなコンセプトだと考えている。

〈まねる盗む力〉を例に、生きる力との関係を簡単に見てみよう。

たとえば、いきなり言葉が通じない国に連れていかれ、放り出されたとすると、どのような力が要求されるだろうか。その社会で働いている人の仕事ぶりを見て盗むことさえできれば、身体を使った労働ならば、なんとかそのシステムに食い込んでいくことができる。この力が身についていれば、たとえ親切に教えてくれる人がいない状況でも、技を見抜いて自分のものにしていくことができる。現在の日本の学校教育では、教えてもらうのが当たり前になっているが、その受け身の姿勢が染みついていると、厳しい社会に放り出されたときに身動きがとれなくなる。指示されたことだけやるというのでは、通用しない。積極的に貪欲《どんよく》な目でうまい人の技《わざ》を盗む、そうした積極的に学ぶ姿勢自体を技として身につける訓練が、どうしても必要である。

〈段取り力〉も、生活や仕事のさまざまな場面で求められている力である。周りの動きを予測しながら自分の動きを段取ったり、多くの人が楽しめる場を作り上げたり、上達するための自分の練習メニューを組み立てたりするのが、段取り力である。段取り力は、数学の証明問題を通しても鍛えられるし、部活動の練習を通しても鍛えることができる。総合的な学習では、自分で調べる段取りをつけたり、発表の段取りを考えたりすることが、すなわち段取り力を鍛えることになっている。

〈コメント力〉や〈要約力〉、〈質問力〉は、コミュニケーション能力の具体的な内実である。人のよいところに気がついて言葉にしてほめるということも、コメント力の代表的なものだ。また、ある話を聞いて、的確なコメントをしたり質問をしたりすることによって、コミュニケーションは活性化する。こうした力は、スポーツの技術のように、具体的に鍛えることができるものだ。対人関係能力というと漠然としてしまうが、コメント力や質問力ということならば、着実に伸ばしていくことができる。

こうした〈三つの力〉は、生きる力そのものである。家庭で子どもといっしょに遊んだり料理を作ったりしながらも、うまく鍛えることができるものだ。そして、総合的な学習を貫く共通目標となりうるものでもある。総合的学習が、和太鼓を打つことであったり、川の汚染を調べることであったり、キャンプに行くことであったりといったように、学習活動があまりにもさまざまになり、そうしたものを貫く横軸が見えなくなる不安がすでにある。そうした状況の中で、この〈三つの力〉を共通の課題として意識化することによって、同じ学習活動をするにしても、効果が変わってくる。スポーツで同じ練習をしていても、今、なんのためにこの練習をしているのかということを意識するのとしないのとでは、上達に格段の違いが出てくるのと同じことである。この〈三つの力〉は、およそあらゆる総合的な学習を通じて鍛えることのできるものである。また、既存の諸科目を横に貫いていくことのできるコンセプトでもある。そして、学校と家庭と社会的な仕事を地つづきにするコンセプトともなりうる。

この本では、まず〈三つの力〉の意義を述べ、次に〈三つの力〉について章ごとに説明する。その後に、アイデンティティ、クリエイティブな関係性、身体、日本語力の問題など、この〈三つの力〉と密接に絡む基本的なテーマを扱う。たんに理論を紹介するだけではなく、私自身が実践しているやり方を随時紹介しながら述べていきたい。とりわけ第七章では、私がはじめた小学生対象の塾での活動を中心にして、ベーシックな力をどのようにつけるのかを具体的に示したい。

私は大学などで、この〈三つの力〉を身につける授業を行っている。受講者のほとんどは、こうしたコンセプトを考えたことはなかったが、自分の経験を振りかえってみると、この〈三つの力〉が非常に大切なものだということがよくわかると言っている。次の学生のコメントは、この〈三つの力〉の性格をよく言いあてていると思うので、引用しておきたい。

今の学校は生徒たちが〝教えられている〟形をとっている。一方的に学ぶだけ。生徒たちは学ばされることに慣れ、自分から行動する、例えば質問したり、自分の意見を相手に伝えたり、創造することに慣れていないのだと思う。これは自分もそうであったからそう言えるのである。言葉は悪いが調教と同じである。この三つの力は社会に出れば必要となるものである。今までは学校の一部の積極的なエリートとみなされた人の特技という感じで見られていたが、これからは誰もがこの三つの力についての知識や技術を盗もうとすること。段取りを組み立ててもらうのではなく、自分でコーディネートしようとすること。そして、頭の中で物事を整理し、それを人に伝えようとすること。これらは人としてすでに必要な力なのだ。

目次

第一章 「生きる力」とは何か――真の基礎力を求めて

I 身につけるべき基礎力の設定

浮き足立つ日本

幕末から明治・大正期までの文献を読んでいると、今のままの教育ではダメだという論がたびたび出てくる。「教育の危機」は、この国の、いわば恒常的なスローガンとなっている。日本がなしとげねばならなかった急速な近代化の状況を思えば、つねに教育の危機が叫ばれてきたのも無理のないことではある。

現在、長引く不況の中で、多くの人が不安を抱え、浮き足立ってきている。社会の構造変革が求められるうえに、情報化やグローバル化といった現代的な課題が、不安に拍車をかけている。経済的な不安だけでなく、生きるうえでの根本的な価値観にかんしても、大人自身が自信を持てなくなってきている。バブル経済に踊り、その後の経済不況で自信を失った大人たちには、確信を持って次世代に伝えるべき価値観が明確ではない。

このような状況と並行して、つけるべき基礎的な力が何かということについての共通認識も失われてきている。社会の変動が激しいので、求められる力が何かを確定することが難しくなってきているのである。基礎力が何かということについての認識が社会的に共有されなければ、社会全体として見たときに、その基本的な力が養成されにくい。スポーツでも武道・芸道でも仕事でも、基本が何かということをつかんでいる人は、パニックに陥りにくいし、スランプも長引かせずにすむ。逆に、基本が何かという認識をしっかりと持たずにやっていると、調子が崩れたときに立てなおすのが難しい。

今、必要なのは、「二一世紀に求められる基礎力とは何か」についての社会的な共通認識を作り上げ、浮き足立たずに、地に足をつけてじっくりとり組むことである。

抽象的すぎるコンセプト

こうした基礎的な力が何かを設定するさいには、コツがある。それは、あまり抽象的になりすぎず、かといって具体的になりすぎることのないようにするということだ。

追い込まれてプレッシャーがかかった状況の中で、しばしば陥ってしまう誤りは、抽象的すぎるコンセプト（概念）を目標に設定してしまうということだ。たとえば、「生きる力」「人間性」「個性」「創造性」といった言葉が、典型的なものだ。

たしかに、生きる力や人間性は大事なものである。これは誰も否定のしようがない。しかし、あまりに抽象的すぎて、具体的に何をしたらよいかがわからない。人によってうけとるイメージが多義的すぎて、共通の認識が形成されにくい。

こうした言葉は、ちょうど祭りで神輿《みこし》を担ぐときに周りの人がかける、「ワッショイ」というかけ声と似ている。まったく無意味なものだというわけではない。かけ声で少しは元気になる。しかし、そのかけ声が神輿を担いでいるわけではなく、神輿を担ぐ肉体が、やはり肝心なのである。神輿を担ぐ肉体は、ここで言えば具体的なカリキュラムやトレーニングだ。どんな力や技《わざ》を具体的に身につけたらよいかということを、むしろ曖昧《あいまい》にしてしまう危険性が、こうしたかけ声にはある。個性や創造性といった言葉も、いわばかけ声であってコンセプトというほどのものではない。大正自由教育の時代以来、個性や創造性といった言葉は、教育の領域で多用されてきた。たしかに、これらもあったほうがよいものばかりだが、あまりにも言葉の響きがよすぎて、そこで思考がストップしてしまう。具体的に技を身につけたり、トレーニングをするという基本的なことが、こうした砂糖菓子のような言葉でないがしろにされてしまう危険性がある。しっかりと反復練習するということは、力を身につけていくさいの普遍的な原理である。しかし、個性や創造性といった言葉を念仏のように唱える癖のある人は、反復練習に嫌悪感を持つことがある。もっとも悲劇的なのは、当人はさまざまな力を反復練習によって身につけてきているのに、それに気づかずに（あるいは、あえて気づこうとしないで）、次の世代に対してトレーニングを軽視する発言を行うということだ。

「生きる力」は文部科学省が提唱している言葉だ。この言葉の背景には、受験勉強への敵意がある。しかし、現在の中学生、高校生の中でどれだけの人間がまじめに受験勉強しているかは疑問である。むしろまったくと言っていいほど勉強しない中高生が増えている。三〇年前ならともかく、現在、受験勉強のしすぎを心配するのは、現実とずれていると言わざるをえない。

そもそも受験勉強は、それほど敵視されるべきものなのだろうか。私は、むしろ受験勉強を通して身につけられる力は少なくないと考えている。後で述べる〈段取り力〉は、その代表的なものだ。たしかに、重箱《じゅうばこ》の隅をつつくような暗記問題に対処する勉強はむなしいかもしれない。しかし、問題さえよければ、それに対して勉強することには意味がある。それどころか、受験という目標に向けて、自分で勉強のスケジュールを立てて実行していく力は、どのような仕事をするにさいしても役に立つ普遍的な力である。問題自体をよくしていく努力は、もちろん必要だ。そのうえであえて言うならば、精神の持続的な緊張を要求する受験や受験勉強は、脳を鍛《きた》えるよいトレーニングの機会となる。

受験は、ちょうどスポーツにおける試合のようなものだ。公共的な場において自分の力が試される経験は、人をタフにする。もちろん、はじめは萎縮《いしゅく》したり力みすぎたりするかもしれない。しかし、それを乗り越えて、試合でこそ最高のパフォーマンスができるような心身のあり方を、技として身につけていくところに、成長がある。ボクシングの試合などは典型的だが、試合の日から逆算して、長期間かけてコンディションを整えていく。減量の達成や体力の向上、技術を磨くこと、対戦相手の研究など、多くの課題を試合までに綿密にこなしていかなければならない。具体的に段取りを組んで技を磨くことによって、精神力も鍛えられる。

具体的すぎるコンセプト

先ほど、生きる力や人間性といったコンセプトは抽象的すぎて、具体的な方策が頭に浮かびにくいと書いたが、その対極にあるのは、具体的な教科内容に即した目標設定である。計算力や走力や漢字の書き取りの力といったものが、それである。

計算力や走力という規定の仕方の利点は、測定が可能だということである。自分の成長の度合いを知ったり、他人との比較がクリアにできるということは、向上するための目安として悪いことではない。まったく測定ができないものや、あまりにも主観的な印象によってレベルが判断されるようなものは、力の設定としては不適切である。

しかし、一方で、あまりにも具体的すぎるコンセプトは、異なる経験をつないでいく力を持たない。たとえば、計算力や走力といった力の設定はあまりにも具体的すぎて、教科の枠内に閉じられた目標設定でしかない。計算力や走力といったものは、さまざまな活動領域の諸経験を相互に結びつける力を持たず、算数や体育で重要とされる力であっても、国語や社会ではまったく必要とされなかったりする。そのような力の設定では、教科を横断的に貫くコンセプトにはなりえない。

これまでは、教科の枠組みの中で教育が考えられることが多かったが、現在では、そうした教科

コメント力 （要約力・質問力）	ことば 次元	母国語能力を鍛える
段取り力	活動次元	生活での活動 場を作る力 動けるからだ作り
（技・方法を） まねる盗む力	からだ 次元	身体的想像力を鍛える 技化の意識

〈三つの力〉

に閉じられた思考自体が批判にさらされている。総合的学習が導入される背景には、教科を横断的に貫いて働く思考のあり方が求められるようになった、という事情がある。自分の経験をさまざまな観点から捉《とら》え、その後の活動に生かすような、経験と思考の循環回路を技として身につけていくことが、いっそう求められるようになっている。ペーパーテストでの記号操作のうまさを競うだけでは、現実社会をたくましく生き抜く力が育たないという反省が、世の中全体に共有されてきている。これからの教育においては、さまざまな教科の勉強が、有機的に絡みあうようにすることが必要である。そのためには、教科内容にとらわれすぎないようなやり方で、目標となるべき力を設定することが求められる。

クリアな比較が可能な力

教科の枠を越えていくというだけではなく、学校の勉強と仕事といった領域を異にする経験をまたぎ越す力が、今、求められている。それだけに、領域が異なっても通用する力の設定、さまざまな領域において、横断的に通用する力のコンセプト作りが重要になってくる。領域をまたぎ越す力のコンセプトを共通の目標として設定することには、大きな効果がある。そのもっとも大きな効果の一つは、すでに経験してきているさまざまな領域における活動経験を結びつけることができるようになるということだ。各教科での活動や遊び、スポーツや日常生活での出来事などを、こうしたコンセプトによって地続きにすることができる。

〈三つの力〉は、この力の育成を目標としたトレーニングによっても、もちろん鍛えられる。しかし、この〈三つの力〉はすでに日常の中で働いているものでもある。そうした経験をこのコンセプトにしたがって反省的に捉えかえすことに大きな意味がある。今までなんとなく行っていたことに、段取り力やコメント力といった視点から光をあてることによって、自分がやってきたことの中に新たな意味を見出すことができるようになる。

こうした領域をまたぎ越すコンセプトを作るさいに気をつけなければならないのは、力の水準がクリアに比較できるという条件である。この〈三つの力〉に含めたものは、どれもクリアな比較が可能なものだ。個性や人間性をクリアに比較することはできないが、要約力や段取り力は、質の高さを比較検討することができる。

基準を共有する

求められる力を設定するにあたって、「クリアな比較が可能なもの」を条件に据えた。この意図は、各人の優劣をはっきりさせるということにはなく、基準を共有することにある。グループやクラスで「どれがレベルが高いのか」をいっしょに判定していくプロセスが大事なのである。このプロセスを通じて、同じように見える要約や質問、コメントにもレベルの違いがあることに、まず気づく。そして、なぜレベルが高いと思うのかという理由を述べあうことによって、各人が暗黙のうちに持っている基準が表に出てくる。そうした暗黙の基準を表に出してやりとりしていくことによって、グループやクラスに通用する共通の判定基準が形成されてくる。

こうした力の判定基準が自分の中にできてくると、普段の生活の中で質問したりコメントするときに、自然にレベルを気にするようになる。たとえば、〈質問力〉という言葉を自分のうちに持つだけでも、自分の質問の質に対する意識は高まる。そして、その結果としてレベルの低い質問を控え、よりよい質問を考えるようになるのだ。

抽象的すぎるもの――生きる力　想像力　個性　人間性
コミュニケーション能力　対話力

中間項――コメント力（要約力・質問力）、段取り力、まねる盗む力

具体的すぎるもの――計算力　漢字力　走力

中間項としての〈三つの力〉

中間項の設定

人間性や個性といったあまりにも抽象的な目標設定と、計算力や走力といったあまりにも具体的な学力とのあいだに、いわば中間項を設定することに意味がある。コミュニケーション能力や対話

力はもちろん必要なものだが、これでもまだ抽象的だ。コミュニケーションに注目するというだけならば、このコンセプトでも構わないが、今、求められているのは、どのような力をつければコミュニケーション能力が向上するのかという具体的な対策である。自然なコミュニケーション能力の低下と、社会の複雑化を背景として、コミュニケーション能力を具体的に解剖することが必要となっている。

コミュニケーションする力を具体的に支えている力を中間項として設定することによって、力を伸ばすトレーニング・メニューが考えやすくなる。ここで中間項というのは、抽象的すぎず、具体的すぎない次元の力だということである。この中間項的次元こそが、実践的かつ本質的な力の設定には欠かせないものである。

まねる盗む力、段取り力、コメント力や要約力、質問力といった力の設定は、抽象すぎず、具体的すぎないという意味で中間項的である。質の高い質問ができれば、コミュニケーションの質もまた高まる。人のやっていることに対して的確なコメントができれば、そこから有意義な関係が生まれてくる。もちろん心と心の共感能力は、基礎として必要である。しかし、それだけでは相手に伝わらない。的確な質問やコメントをすることが、コミュニケーション能力や対話力の向上といったスローガンを実現する手立てになる。

2　あこがれにあこがれる関係

教えることと学ぶこと

これまで教育は、教えることと同一視されがちであった。まず教えるという行為があり、そのうえで、それをうけとる学習という行為が成り立つという順序関係が暗黙のうちに前提とされることが多かった。こうした教える優先の教育に対する批判は、今に始まったことではない。すでに明治期からそうした教師中心的な知識注入型の教育に対しては、反省がなされていた。そのことの結実が、大正自由教育と言われる新教育である。この流れが、現在の総合的学習の導入の源になっている。

教えるということがあっても、学ぶということがなければ教育とは言えない。逆に学ぶという出来事がおこっていれば、必ずしも教えるということがなくても教育と言える。「教育から学習へ」というスローガンが掲げられることがある。これは教え込みの時代から、子どもが主体的に学習していく時代への転換を促すためのものだ。たしかに、学ぶということは教えることがなくても成立しうるので、学ぶほうが教えることよりも大きなカテゴリーだと言うことはできる。しかし、教えるということや教育という概念をあまりに軽視すれば、放任主義を単純に肯定する論に傾きやすい。学ぶという出来事は、自然発生的に連鎖していくに任せるだけでは十分でない。深く学ぶという出来事がおこるための環境（場）を作るのが重要であり、そうした場を作るためには教育の技が必要とされる。

ここで学ぶということについての私の考えを簡単に述べておきたい。

学ぶことは、自分にとって新しい世界と出会い新しい意味が生まれることであり、生きる喜びである。自分にとって新しい意味が生まれる瞬間がある。そうした瞬間を喜びとして感じることができるようになることが、学ぶことの基礎となる。一時間の授業をうけていても、自分にとっての意味発生がまったくないことはよくある。そうした事態になれてしまい、意味発生がない場にいることに対して鈍感になってしまっている状況が頻繁に見られる。授業という典型的に意味発生を求められる場で、意味発生に対する鈍感さが進行しているのだとすれば、それは非常な皮肉である。

新しい意味が生まれることは、本来誰にとっても楽しいことだ。しかし、学ぶということは、いわゆる「勉強」といううんざりしたイメージと結びつきすぎて、肯定的な印象をあまり持たれていない。学びが持つ、新しい意味が生まれる瞬間の喜びの感覚を、いわば技化《わざか》していくことが教育のもっとも重要なねらいの一つである。

あこがれにあこがれる

自分にとって新しい意味が生まれることを、喜びとして味わう構えを支えているのは、「あこがれ」である。あこがれを持ってやっていることは、たとえ苦しさをともなうものであっても、そのプロセスを喜びとして味わうことができる。「あこがれ」があるときは、学ぶことを肯定的なイメージで捉えることができる。

私の現在の学ぶことについての根本的な認識は、次のようなものだ。

学ぶことは他者のあこがれにあこがれることである。

学ぶという出来事は、他者との関係に支えられている。一人きりの時間の中で深い学びをすることはもちろんある。しかしその場合も、そうした一人の学びを喜びとするまでにいたるプロセスにおいて、重要な他者が介在しているはずである。直接教えられる関係にはなくとも、あこがれを持って学ぶようになった背景には、その世界への導き手となった重要な他者の存在がある。

あこがれは、自発的なもののようだが、実は他者のあこがれによって誘発されるものではないだろうか。たとえばフェルメールの名画を見て、絵画の世界にあこがれを持ったとする。親に教えられなくても、こうしたあこがれを持つことはある。しかしこの場合も、あこがれは、フェルメール自身の絵画に対する強烈なあこがれに誘発されている。一枚の絵に込められた莫大な意志と情熱と技術が、エネルギーの固まりとなって、見る者の身体に流れ込み、あこがれをひきおこす。

私たちが何かをおもしろいと思うときには、それをおもしろいと感じている他者（先行者）の存在が必ずある。一見そのような他者の存在がないように見える場合も、よく見ていけば、隠された「あこがれにあこがれる関係性」を見出すことができる。こうした隠れた関係性に気づくことによって、学びの質は深化する。それは恋愛感情と似ている。自分が誰かのことを好きであることに自分自身でも気づかないということは、しばしばある。人に言われたり、ある出来事がきっかけとなって、自分がその人を好きだったのだということを自覚したときに、恋愛感情は加速する。自分ひとりで興味・関心を自家発電的にかき立てつづけるのではなく、先行者のあこがれのエネルギーの風をうけて学びの風車をまわしているのだと感じるほうが、学びのエネルギーは加速する。

「あこがれにあこがれる関係」が、教育の根本原理であると私は考える。この原理を図であらわせば、次の「あこがれるにあこがれるベクトル図」となる。

あこがれを、ここでは新しい世界へ向かうベクトルとしてあらわした。ベクトルは、方向性と量を同時にあらわすことのできる記号だ。力学では、ベクトルの長さが長いほど力が大きい。フェルメールやモーツァルトの絵画や音楽に対するベクトルの強さは、巨大だ。こうした巨大なあこがれのベクトルにうまく触れることができると、自分の中にもあこがれのベクトルが生まれる。人のあこがれに自分のあこがれが寄り添ってしまうということは、私たちにとって自然な傾向だ。あこがれにあこがれが寄り添う事情をあらわすために、新しい世界へ向かう斜めに強く伸びるベクトルに対して、曲線的にベクトルを描いた。この「あこがれにあこがれるベクトル図」を、学ぶということの原理として捉えると、教師中心の注入主義か児童中心の自発的学習かといった対立図式から抜け出すことができる。学ぶという出来事や学びたいという強い思いは、先行者の存在なくしては語れないからだ。

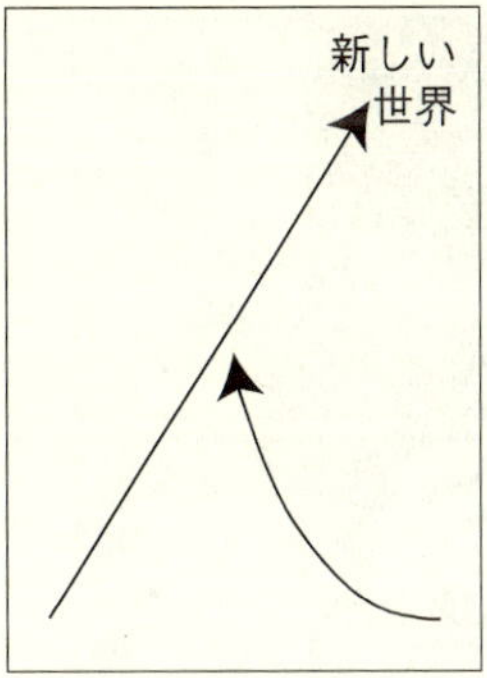

あこがれにあこがれる
ベクトル図

とにかく僕には干渉しないで。僕は僕。
あんたはあんた。
……………
お前の言う事みんなうそっぱち。
理屈ばっかで中身がね――の。
そういう子には……
ぐうだっ!!
いっ。
……てえなっ!!クソジジイ何しやがるっ!!
……

あこがれにあこがれる〜『花男』松本大洋（小学館）

これは、物語のはじめのほうで、干渉を嫌い理屈ばかりこねる冷えた息子に、からだの感覚を呼び覚まさせようとする場面だ。

秀才だが冷えた息子と、頭は悪いが「あこがれ」のパワーにあふれた熱い身体の親父がいっしょに暮らすことになった。父親の花男は、長嶋茂雄に幼いころに出会い、あこがれ、いい年をして巨人の四番を打つ夢に生きている。背番号３のユニフォームを毎日着て、息子を茂雄と名づけてしまうぐらい、あこがれは強烈だ。息子は、そんな父親を冷めた目で見ようとしているが、いっしょに暮らすうちに父に感化され、きちんとからだごとかかわり合うようになっていく。しかし、一方的に父親がひっぱる関係ではなく、父親も息子の存在に支えられている。物語のラストで実際に巨人に入り、試合に出た花男がプレッシャーに押しつぶされそうになる場面では、息子の茂雄が「かっ飛ばしな」と活を入れたりする。茂雄も自分のからだの感覚をすっかり楽しむようになり、大きな声で気持ちを表現できる暖かい身体に変わっている。「あこがれにあこがれる関係」によって成長したのだ。父と子は、友情の関係性で結ばれている。

松本大洋は、『ピンポン』でもまた、あこがれにあこがれる関係が、冷えた身体を暖め、心を開いていくさまを描いている。生きるスタイルが異なる者同士が生きる力を支えあい、鍛えあう。友情の関係性こそが成長の基本であることを教えてくれる傑作だ。

偉大な先行者のベクトルに触れるために、中間の媒介となるベクトルが存在することがある。それが、教師という存在だ。

あこがれのベクトルとしての教師

教師や親が子どもにとっての学びの重要な存在となる条件とは何か。それは、先の図の二つのベクトルになることができるということだ。つまり、自分自身が新しい世界へ向かってあこがれのベクトルとなっていることと、子どもにあこがれのベクトルが芽生えてきたときに、それに寄り添い、そのベクトルを支えるということである。

たとえ職種が教師であっても、自分自身があこがれのベクトルになりえていない場合は、子どもたちのあこがれのベクトルを誘発することはできない。その意味では、教師としての重要な資質を欠いている。自分の担当している教科について、「あこがれのベクトル」になりえているかどうか。これが、その教師の力量を見分けるさいのもっとも重要な基準だ。

教育は、ほかの職種と比べて、とりわけ若さが生きる仕事である。若さが持つエネルギーは、身体全体から発せられる。そのエネルギーが子どもの身体を活性化させる。子どもは若い先生が好きだ。それは、若さがあこがれを持たせるエネルギーになっているからである。私は教える技術を非常に重視しているが、それでもあこがれのベクトルを失った教育技術のある教師よりも、多少、教育技術が未熟であったとしても、強烈なあこがれのベクトルを持っている教師のほうを評価する。

自分自身の経験を振りかえっても、不思議と、初年度に担当したクラスの生徒さんたちとその後もクリエイティブな関係が続くことが多い。単純な教科的な実力からすれば、その後のほうが伸びている。しかし、新鮮さにおいては、初年度に勝るものはない。緊張感やあこがれるベクトルのむき出しな印象が、相手のあこがれを誘発しやすい関係を生んだのだ。もちろん教えるのがうまくなることとあこがれるベクトルの強さは、矛盾するものではない。両者が絡みあって、いっそう強まっていくことももちろんある。しかし、そうした優れた教師の割合よりも、あこがれのベクトルを失っているのに教壇に立ちつづけている者の割合のほうが多いという実感を、子どもたちは持っている。

知識注入型の教師中心主義に反発して、子どもの学びを援助するという仕方で教師の役割を考える考え方が広まってきている。たしかにそれは間違いではないが、そうした教師の捉え方は、「教師自身が強烈なあこがれのベクトルとなる」ことを重視しない見方につながりやすい。子どもの「自発的」な興味・関心の芽を育てることだけに腐心し、自分自身のあこがれのベクトルを示さないとすれば、現実問題として弱さを持つことになる。

子どもに「何が好きか」と聞くだけではなく、まず「自分はこれが好きだ」という姿勢を見せることが、子どもの興味と関心を生み出す。自分が出会ったことがないもの、まったく知らないものに対して興味や関心を持つことはできない。そうしたまったく新しい世界に出会う媒介となるのが、教師（先行者）の役割である。その出会わせ方は、先行者自身がその世界にあこがれているという仕方でひきつけていくのが、もっとも自然でありかつ効果的である。表立ってあこがれを語ることもあるだろうし、また備長炭《びんちょうたん》の炭火のようにゆっくりと長く暖めつづけるベクトルのあり方もあるだろう。それは、先行者のスタイルの違いである。根本に、教師や親自身があこがれのベクトルたることがあるのに変わりはない。

これからの「ゆとりの教育」や児童中心的学習、個性尊重教育といったスローガンが持たらすイメージには、このベクトル図の意図するものが抜け落ちがちになると予想される。教師自身が強烈なあこがれのベクトルになる重要性を改めて強調しておきたい。

子どものあこがれに寄り添う

教師のもう一つの重要な資質・力量として、子どもが持っているあこがれのベクトルに寄り添う力をあげることができる。この場合は、単純にひきつけられるということではなく、積極的に寄り添うのである。単純な意味で言えば、その子どもが好きだと思ってやっていることに興味を持ち、いっしょにそれを楽しむということである。自分が好きなことに他者が共鳴してくれるとうれしくなる。そしてあこがれのベクトルも強くなる。ましてや教師や親が、そのベクトルに寄り添って自分のあこがれのベクトルを誘発させてくれれば、励まされエネルギーがわく。

イチロー選手の場合で言えば、アマチュアで野球をやっていたイチローの父の野球へのあこがれのベクトルが、イチローのあこがれを喚起したのが始まりだが、やがてイチロー自身のあこがれのベクトルが強くなるにしたがって、父はそのベクトルに寄り添うかたちをとるようになった。自分の仕事を早めに切り上げ、毎日練習につき合う生活に入った。毎日行くバッティングセンターでも、細かく教え込むというよりは、イチローのあこがれのベクトルを見守り育てるスタンスをとった。イチロー自身の才能もさることながら、そのあこがれのベクトルに寄り添い続けた父の教育者としての才能にも、驚嘆すべきものがある。

ベクトルにベクトルとして寄り添うということも、教師という職業においては一つの高度な技である。というのは、教師が相手にするのは多数の子どもだからである。それぞれの子どもの興味と関心のベクトルの方向性はずれている。その一つひとつに完全にではなくとも寄り添っていくことは、多大なエネルギーと興味と関心の柔軟さを要求する。これは、プロフェッショナルな技と言ってもよいものだ。相手があこがれている世界についてまったく無知であれば、話はかみ合わない。ある程度の知識を持っていることによって、寄り添うこともできる。

したがって、教師というのは、子どもといっしょになって、幅広い好奇心の矢をあちこちに張りめぐらせるライフスタイルが、本来求められる仕事である。自分があこがれていることにのみ関心があり、他者のあこがれに関心を持たないタイプの人間は、研究者にはなれても、教師としては必ずしも十分であるとは言えない。相手の世界と自分の世界をすり合わせることのできる力があれば、子どもの興味と関心の幅はいっそう広がってくる。

教師自身が広い世界を持ち、さまざまなものにあこがれのベクトルを持っていることによって、ベクトルごとにひきつけられる子どもが出てくる。子どもによってひきつけられるベクトルは、微妙に異なる。集団を自分の強烈な一本のベクトルで染め上げることも魅力的だが、さまざまなベクトルを見せることによって、それぞれの子どもの内に異なるベクトルを芽生えさせるということがおこる。

3 断絶した伝承を取り戻す

失われつつある身体文化

「生きる力」というスローガン自体は、誤ったものではない。「生きる力」の基本は、身体が生み出す活力である。しかし、日本ではとりわけ身体文化がなおざりにされてきたために、身体が活力の基盤としての機能を低下させてきている。腰や肚《はら》を軸とした身体の活力にあふれたあり方は、日本（あるいは東洋）が長年の歴史を通じて培ってきた文化であった。これについては、昨年『身体感覚を取り戻す〜腰・ハラ文化の再生』（NHKブックス）に詳しく書いた。

簡単に要約すると、戦後の半世紀を通じて、伝統的な身体文化は教育の領域で軽視あるいは無視されてきた。それでも昭和三、四〇年代ごろまでは、子どもの遊びの世界には戦前と比べてそれほど大きな変化はなかったので、子どもたちは遊びや生活の中で身体を鍛える機会に恵まれていた。また、両親が伝統的な身体文化を生活の中で身につけていた世代であったために、それを知らぬ間に継承していたというメリットがあった。

しかし、世代が二世代、三世代と移っていくにつれて、子どもを教育する親の世代自体が、伝統的な身体文化を体現できていない状況があらわれた。たとえば、いわゆる団塊の世代を例にとれば、団塊の世代の親にあたる世代は、腰肚文化を基盤にした伝統的な身体文化をかろうじて継承している世代である。その世代においては、「臍下丹田《せいかたんでん》」や「腰を据える」「肚をきめる」などといった言葉は、日常言語だった。身体の中心を作ることと、心のあり方を鍛えることが、分けることのできない密接な関係にあることを、この世代までは実感していた。

しかし、敗戦のダメージは大きく、この世代は自分の子どもにあたるその団塊の世代に対して、戦前の教育文化の持つ積極的な面を継承することをためらった。合衆国による占領統治という状況を考えれば、いたし方のないことだったのかもしれない。剣道や柔道といった世界に誇る文化がGHQ（連合国軍総司令部）によって禁止された時代だったのだ。明治維新以降の近代化のプロセスを通じて、伝統的な身体文化は衰退しつづけてきた。その衰退傾向に、敗戦が決定的なダメージをあたえたのである。

生きる力の基本を取り戻す

身体が持つ活力をひき出し鍛える仕組みが、伝統的な生活労働や遊びの中には数多くあった。伝統的な身体文化を継承しそこなった団塊の世代でさえも、子どものときは身体をフルに使った遊びをしていた。子どもに対する管理の視線は少なく、自由自在に遊びえた世代だと言える。この世代は、アメリカ西海岸のカウンターカルチャーの影響もあって、「人間性の解放」をキーワードに持っていた。その一方、秩序や訓練といった言葉には反発する傾向が強かった。この世代は、自らが子育てをする番になったときに、自由や個性というコンセプトを軸にした。管理教育に対する反動として、自由教育が選択されたわけだ。その結果は、一概に言うことはもちろんできないが、総じて言えば、社会的な評価は低い。自分の利益を第一に考える自己中心的な考え方や、責任感と活力の欠如、物事をやり抜くねばり強さの低下、基本的なコミュニケーション能力の不全など、多くの問題点が指摘されている。

しっかりと基礎的な力をトレーニングさせるという考え方が軽視されているあいだに、「生きる力」の低下がおこったのである。団塊の世代が自分の親について書いた文章をしばしば目にするが、彼らは自分の親のあり方や教育が現在の自分よりも優れていたと述懐していることが多い。親の世代と比較して、明らかに自分たちの子育てのやり方が間違っていたと書いている者も少なくない。

今や、授業中に平気で教室を歩きまわるような子が、小中学校に入学してきているのは事実だ。こうした無秩序な行動に対して、「自由」という言葉で擁護する雰囲気が団塊の世代の教育以降、強まったことは否めない。本来ならば、しっかりした基礎力を身につけているほど自由の度合いは高まるはずである。型や基本のトレーニングが自由を拡大するものであるということをしっかりと認識し、子どもたちに植えつけるべきであった。この国の教育は、「自由」や「個性」といった抽象的な概念に振りまわされてきたと言える。

個性を育てるために必要なこと

今、団塊の世代を例にとって述べたが、もちろん事はこの世代だけの問題ではない。その後の世代にもこの問題状況は連綿として続いている。どのような力を身につけさせればよいのかについての共通認識ができていないばかりか、力を身につけさせるためのトレーニング自体をきらう傾向が強まってきている。反復練習を軽視しながら、個性を重視するというのは、まったくばかげた考え方である。生まれつきの気質や性格は、それぞれみな異なっている。個性はその意味で、生まれつきみなが持っていると言えよう。しかし、それが社会において力を発揮したときに、はじめて個性は意味あるものとなる。そのためには、技を習得していく必要がある。

スポーツの上達において、基本的な技術の反復練習を軽視する指導者はいない。自由で創造性あふれるプレイが基本の反復練習に支えられていることは、自明の理である。しかし、学力の向上という段になると、この当たり前の前提が共有されなくなる。

個性と創造性にあふれるモーツァルトが創造的活動をなしえたのは、反復練習による音楽技術の体得による。こんなことはあまりにも当たり前なことなのに、教育界においてさえも、反復練習を軽視したり嫌悪したりする人が増えている。漢字の書き取りひとつとっても、小学校で国語の時間中に徹底的に何度も反復練習をさせる教師はむしろ少ない。授業時間中は解釈をめぐる議論が多くなされる。小学校の教科書にのっている文章は、端的に言って名文が少ない。漢字や内容の制約もあって、非常に程度の低い文章が多い。そのような文章をテキストにし、何時間もかけてあーだこーだと解釈するよりも、きちんと反復練習を課すことのほうが大筋において有益であると考える。

学校教育の最大の長所は、強制力があるということである。かけ算の九九は強制されなければ自然に覚えられるものではない。そうしたトレーニングは、学校という場所に合っている。学校がトレーニングを軽視するようになれば、学校の社会的存在意義はいよいよ低下することになる。

「ゆとりの教育」への不安

文部科学省は現在、「ゆとりの教育」を提唱している。些末《さまつ》な知識の暗記をさけるために、教育内容を三割削減するという方策もその一つだ。分離した知のあり方ではなく、問題解決ができるような総合的な知のあり方を求める方向性自体は、共感できる。しかし、その傾向がこれまでの教科の教育力をなし崩しに低下させることにつながるようならば、事態はいっそう悪化すると思われる。教科の学習、とりわけ国語と算数は、人間の思考の基礎トレーニングである。徹底的なトレーニングは、どんなにしても、しすぎるということはない。公文《くもん》式教育にあれほど人が流れたのは、学校教育が基本の反復練習を軽視したためである。あのような基本のトレーニングは、まさに学校で行うべき事柄である。そこから逃げて個性や自由を標榜《ひょうぼう》するとしても、信用を得ることはできない。このことは、公文式の驚異的な拡大という現象に端的にあらわれている。

「ゆとりの教育」に不安を持つ教育者や親は多い。公立学校が学力を向上させる力に欠けるとすれば、私立学校への期待が大きくなるのは当然である。しかし、ここでゆとり教育を攻撃し否定するだけでは、全体の改善にはつながらない。ゆとり教育の提唱する総合的学習や教科内容の削減によって生まれる「ゆとり」を、より本質的で基礎的な力のトレーニングに振りあてることができれば、この改革も功を奏する。的外れにならないトレーニングは、的確な目標の設定にかかっている。本書で提言する〈三つの力〉は、生きる力の教育やゆとりの教育を否定するものではなく、それらに実質的な内容をあたえようとするものである。

ワールドスタンダードだった読み書きそろばん

基礎力の設定という観点から考えたときに「読み書きそろばん」は、ダントツの威力を持っていた。誰がどう考えても必要と思われるものを三つの単語に凝縮している。この読み書きそろばんという目標設定のよさは、具体的なトレーニングをともなっているという点だ。それが「生きる力」とは決定的に違っている。日本語を読み書くことができるようになるためには、当然トレーニングが必要であり、しかも強制力を持って訓練させることが当然だというイメージがともなっている。読み書きそろばんは、国語と算数を別格の扱いとして重視している点も優れている。社会科や理科は、基本的に人間が到達した認識の集積である。そうした認識を理解するのは、言語を通してである。母国語能力に優れていれば、どんな本でも読むことができる。科学にかんする知識も歴史にかんする知識もまったく異なることはない。

そのうえで算数の持つ論理的思考力が訓練されれば、およその基礎は押さえることができる。算数のよさは、いくつものプロセスをきちんとやらなければ、答えが最終的に合わないということだ。曖昧さが許されないこの性質は、緻密《ちみつ》な思考を鍛えるための基礎トレーニングとして最適である。日常生活において数学を利用する場面が少ないという理由で、算数や数学を軽視するとすれば、あまりにもばかげたことだ。人間の緻密な思考力を鍛えるものとして、算数や数学の問題を解く以上に効率のいいトレーニングはない。文系／理系という不毛な分類にとらわれることなく、すべての人間が算数を論理的思考力のトレーニングとして行うべきだと考える。

読み書きそろばんの優れている点は、母国語能力に三つのうち二つ、算数や数学に一つをあてているバランスにもある。基本になるのは、日本語能力だということだ。読み書きそろばんという寺子屋以来の伝統が、日本の初等教育つまり小学校教育の社会的信用を支えつづけてきた。小学校に行かせれば、とりあえず読み書きそろばんができるようになるという思いが、親の学校に対する信頼感であり続けてきた。社会が情報化し、より高度な情報処理能力が求められる現在、読み書きそろばんに求められるレベルも格段に高くなってきている。そうした状況の中で、読み書きそろばんのトレーニングを学校教育自らが軽視するようであれば、ワールドスタンダードでは通用しない人間を輩出することに拍車がかかる。

日本がアジアの中で近代化に成功し、敗戦にもかかわらず戦後の経済的な復興をなしとげえた背景には、日本の初等教育の世界における優位性があった。江戸時代の識字率が世界トップクラスであったことはよく知られている。社会に広く普及していた寺子屋の果たした意義は大きい。明治の学制発布によって成立した近代学校は、システムとしては寺子屋と切り離されたものであった。しかし、読み書きそろばんの重視という点では、初等教育の軸は継承されていた。明治・大正時代の初等教育を見ると、国語という教科は別格的な位置を占めている。芦田恵之助《あしだえのすけ》のような日本を代表する初等教育者は、読み方・書き方を中心に据えていた。生活綴《つづ》り方《かた》運動もまた、国語という教科を軸として社会や人間に対する認識を深めようとするものであった。日本という国の経済的な繁栄は、初等教育における国語教育のレベルの高さによるところが大きかった。

長い経済的不況にあえいでいた英国が、日本の教育カリキュラムを意識したナショナル・カリキュラムをサッチャー時代に導入し、フランスもまた日本の訓練重視のトレーニングを評価しとりいれてきた。欧米をはじめとした諸外国が日本の初等教育の水準の高さを評価する一方で、当の日本では、たいした根拠もなく初等教育の基本的なトレーニングが軽視されるようになった。それによって、この二〇年ほどで、初等教育における世界水準での日本の優位性はかなりの程度減少した。日本の学力水準のこの相対的な低下は、今後数十年にわたる世界経済における日本の厳しさにつながると予想する。日本は江戸時代以来の読み書きそろばんの伝統を強化することなく、使いつくしてしまった感がある。この二〇年の、つけるべき力の軸を失った教育は、代々の資産を食いつぶした放蕩《ほうとう》息子のように私の目には映る。

二一世紀に向けてのヴァージョン・アップ

情報社会が高度化し、世界との関係が密接になってきた状況において、さすがの「読み書きそろばん」もヴァージョン・アップすべき時期にきている。本書で提唱する〈三つの力〉は、読み書きそろばんをワールドスタンダード用にヴァージョン・アップしたものだ。いかなるシチュエーションに投げ出されたとしても、なんとか生活していくことのできる基礎力として、この〈三つの力〉を設定した。読み書きそろばんはたしかに基礎だが、それだけでは十分ではない。読み書きができたり計算ができるというだけでは、複雑化した高度情報社会を生き抜く力としては不足している。識字率が問題となるような教育水準の状況と、現在の日本とは異なっている。要求される基礎水準は、明らかに上がっている。

後で見るように、この〈三つの力〉には読み書きそろばんの力が深く関係している。読み書きそろばんが必要ないということではない。むしろ、さらに本格的かつ応用可能なかたちでよりいっそう必要とされてきている。読み書きそろばんをより総合的にヴァージョン・アップしたものとして、この〈三つの力〉を提唱したい。まねる盗む力には、暗黙的な知を言語化する力が含まれてくる。また、段取り力には数学が典型的に持つ論理構成力が含まれる。コメント力や要約力、質問力には、たんなる読み書き以上の「表現としての言語能力」が端的に求められる。

まねる盗む力や段取り力は、日本の前近代的な教育システムや労働にすでにあったものだ。これを意識的にカリキュラムとして再メニュー化するということだ。前近代的な教育の持っていた長所をひきつぐとともに、世界水準で見たときに日本の教育が従来苦手としてきた力を補う必要がある。

その典型がコメント力や質問力だ。しっかりと自分の価値観を言葉で表現して相手に伝えるという訓練は、戦後の民主主義教育では重視された力である。当時の熱気にあふれた教育では、さかんにディスカッションが行われた。それは決して誤った方向ではなかったが、その後の半世紀を見ると、ディスカッションの力量が向上しているとは必ずしも言いがたい。ディスカッションでどのような力を重点的に伸ばすかが明確でなかったために、いたずらに話し合いが続けられてきたためである。しかも、中学や高校では授業でディスカッションをとりいれる機会が非常に少ないので、大学でディスカッションをさせると、小学校以来だという学生が少なくない。国際比較において、知的能力が低くないにもかかわらず、日本人がコメントや質問が下手だとされる事情の背景には、ディスカッション能力を積極的に鍛えてこなかった教育のあり方がある。

話し合いをすれば、ディスカッションの力が向上するというわけではない。コメントや質問には、質の善し悪しがあるという明確な認識が必要である。ディスカッションを細かく見ていけば、充実したディスカッションの裏には、必ず質の高い質問やコメントを見出すことができる。どのコメントや質問をきっかけとして話し合いがクリエイティブになったかを見極める力を育てることによって、話し合いの質も高まってくる。

ワールドスタンダードな力を身につけると言ったときに、英語の会話力やコンピュータの操作能力だけを突出して考えるのは危険である。日本が国際的に厳しい状況におかれたのは、なにも今に始まったことではない。これまでは、いわば障害を克服することでつねに発展をとげてきた。その発展を支えた自力を見直すことなく浮き足立てば、これまでの成功の基礎さえも失うことになりかねない。英語とコンピュータは、たしかに重要なツールである。これの操作に習熟することは、もちろん必要だ。しかし、それは根底的な基礎力ではない。母国語能力や技を盗む力、段取りをつける力こそが、国や時代を超えた普遍的な基礎力である。

昭和の高度経済成長をなしえた技術力を支えていたものを見直す必要がある。まねる盗む力や仕事の段取りを組む力、あるいは技術やシステムの向上をめぐって具体的なコメントを的確に交わしあう能力などは、不可欠のものであったはずだ。経済不況を前にして浮き足立ち、英語やコンピュータ、あるいは株式投資の技術といった直接的な訓練に走るのは、命取りになりかねない。この〈三つの力〉は、およそどこの国や時代でも、できる人間ならば共通に持っていたと思われるものだ。たしかに私の造語ではあるが、落ち着いて考えてみれば、あまりにも当たり前な力ではないだろうか。愚直とも言えるほど大まともなコンセプトであるはずだが、これまで明確なヴィジョンとして構成されてこなかったということである。これらのコンセプトが当然のものとして日常の会話で使われるようになれば、この概念提唱の意味のおおかたは達したことになる。つけるべき力が何かについての共通認識を持つことが、力を伸ばすために不可欠の条件だからである。

では次に、〈三つの力〉のそれぞれについて説明していきたい。

第二章 〈三つの力〉①——コメント力（要約力・質問力）

1 要約力

読解力・文章力を超える力

要約力と言うと、長い文章を短い文章に縮めることを指すように思われがちだが、ここで言う要約力はもう少し広いコンセプトだ。物事をかいつまんで説明する力のことであり、要約する対象は文章である必要はなく、要約の結果を文章で書く必要も必ずしもない。むしろ、「話す」ことがトレーニングとしては重要だ。要約する力のイメージを、読解力や文章力といったものから解放し、広い現実に適応できる概念とすることによって、教科の枠組みを超え、さらに学校の勉強の枠を超えて仕事へと広がるコンセプトとなる。

国語でよく言われる読解力や文章力というものは、それ自体はもちろん重要なものだが、コメント力や要約力、質問力といったコンセプトに比べると、いかにも「国語」という教科の枠内に限定

要約力～『月下の棋士』能條純一（小学館）

名人を目指すプロ棋士氷室将介の言葉は、要約力にあふれている。一言に状況のすべてが凝縮され、クサビとなって相手にくい込んでいく。これは、宿命のライバル滝川名人と元名人の対戦に、氷室が横からコメントを入れる場面だ。「銀がないてるぜ」と言われた滝川は、「私の負けか」と盤上を見つめなおす。『月下の棋士』には、凝縮された名セリフが満載されている。

されがちだ。要約力というコンセプトは、国語という教科の枠を超えている。たとえば社会科において、「帝国主義とは何か」や「産業革命の影響」といった課題に対して簡単に答えることができる力は、要約力と言える。重要なポイントを抜き出して、簡潔に答える。これが要約力だ。大学生と接していて感じるのは、大学入試で非常に細かな社会科の知識に答えてきたはずの学生が、「ヨーロッパとは何か」や「中世とはおよそどのような時代か」といった基本的な（すなわち重要な）問いに端的に答えられないケースが多いということだ。このような大きな問いに簡潔に答える力はもちろん要約力だが、こうした大きな問いを立てること自体に要約力が必要とされる。歴史は暗記教科だと思われているが、本当に重要なのは、時代の流れを把握する筋道や論理をつかまえることだ。重要な問いを立て、それに筋道だって答えることができるようにする訓練は、社会科という教科の中心的なトレーニング目標となるべきものだが、大学入試の質の問題もあり、必ずしもそのようには捉えられていない。

筋道を立てて論理的に骨子《こつし》を要約して話すということは、一つの技《わざ》である。はじめからできる人は少ない。練習すればそれだけの効果がある。かいつまんで話す練習をしているうちに、知識も定着してくる。ところが、こうした練習をくりかえし行っている授業はほとんどない。授業の多くは教師が話すだけなので、知識が定着するのが、教師になってしまっている。些末な知識を忘れてしまうのは仕方がないとしても、重要な問いにほとんどの学生が答えられないという現実は反省されるべきだ。はじめは、教師の答えを復唱するのでもよいから、口に出して論理的に説明してみる練習が必要である。そのような練習をくりかえし、ほかの生徒の答えを聞いているうちに、自分なりの言葉で要約することができるようになっていく。

自分の言葉で端的に言い換える要約力を鍛えるのだという目的意識を強く持つことによって、社会科の授業は国語の授業と地続きとなる。この地続きは、大学へ行っても、また社会に出ても続くものだ。大量の散乱する情報の中から重要なものを選び出し、秩序立てて再構成するという作業は、仕事をするうえで重要な力である。これは要約力だ。

この要約力は、生来の力というよりは、練習の効果がもっとも出やすいものだ。個人差はあるにしても、練習すれば誰でも向上させることができる力だ。走力や跳躍力や創造性といったものと比較すると、誰にでも門戸が開かれた力であると言える。

数式がなぜ美しいのか

数学や物理学は典型的な理系科目として、国語や社会といった文系科目の対極にあると一般的には思われている。しかし、要約力を鍛えるという観点からすると、この二極もまた地続きとなる。数式は複雑なものというイメージがあってきらわれがちだが、もともと数式は、無駄をもっともそぎ落とした効率のよい表現形式である。したがって、数式という形式自体が、要約力の粋《すい》であるとも言える。高校の物理学のはじめに習うニュートンの力学の第一法則Ｆ＝ｍａは、力が質量と加速度をかけ算したものであることを表現したものだ。これは、世界における運動を極限まで要約したものと言える。身近な現象から天体の運動までを射程にいれた恐るべき要約である。世界を要約しようとする意思において、数学や物理学は輝いている。こうした教科の学習を通して、要約力を鍛え、要約することの凄さとおもしろさを味わうことができるようになることは、文系理系を問わない重要課題である。アインシュタインの$E=mc^2$（エネルギーは質量と光速の二乗をかけ算したものに等しい）という数式もまた、その要約力の絶大さにおいて、比類なき美しさを持っている。要約力というコンセプトによって、こうした数式が持つ凄みのある美しさを感じやすくなる。

高校では物理という科目の履修者は、一割程度に減少したと言われている。これは深刻な事態だ。高校で学ぶ物理は、人間の知の最大の結晶である。そのような最大の知の結晶を素どおりしていく抜け道は、この一〇年で大きく広がった。気のりがしなければ選択しなくていいということになれば、難しそうに見える科目ほど履修者は減る。それでは、文化遺産の継承の場としての学校の意義は薄くなる。

算数・数学は、つねに効率性を追求し、無駄をそぎ落として、必然性のあるもののみで連続的に構成される。最小限必要なものだけが、必然性にしたがって秩序づけられていく。算数や数学の問題を解くということは、こうした思考様式をなぞりながら技化することにほかならない。

数学の基本的な考え方は、日常生活の思考に道具として十分生かせるものである。たとえば、座標軸やベン図といったものがある。こうしたものを使って、日常の事柄をマップにしたりグループ化したりすることによって、大づかみな把握ができやすくなる。

たとえば、好きな音楽やマンガなどを、自分で座標軸を立てて配置していく。この作業は小学生でもできる。やってみると意外に楽しくやれる。とはいえ、あるものをその座標のどこに位置づけるかを考えるだけでも、相当な思考が費やされる。点一つに対して、さまざまな思い入れが込められる。この点を打つ作業が要約だ。真の要約力は、無駄なものをそぎ落とすというだけではなく、すべてを含み込むように凝縮させることだ。座標軸をどのように立てるのか、座標の点をどこに打つのかといった具体的な作業に、自分のさまざまな経験や考えを凝縮して込めるのである。こうしてできあがった座標軸のマップは、一目で見渡せる明快さを持つ。しかしこれを文章で伝えようとするならば、大変な文章表現能力が必要とされる。ベン図や関数の考え方も、同様に道具として有効である。

数学を要約力によって国語と地続きにするやり方としては、もう一つ方法がある。算数や数学の問題を解く過程を、言葉で説明するというやり方だ。どのような順序で事を運ぶのかが言葉で説明できれば、応用問題や図形の証明には大きな力となる。わからない問題を解くということも訓練にはなるが、それは次元の高い練習である。解き方を示されたうえで、その解法の論理を自分で再生する練習が、基礎練習としては必要だと考える。とくに、解き方が数式のみで構成されているものを、日本語で順序立てて説明できるようにするという訓練は効果的だ。先生や親が解法を示し、それをどのように行ったのかを説明した後に、子どもに自分の言葉でもう一度説明させてみる。やってみるとわかるが、小学校の中学年程度では、遺漏なく的確に作業の段取りを説明するのは、そうたやすいことではない。ある程度の訓練が必要である。

動きの本質を見極める——「型」の修練

体育やスポーツはからだで行うもので、頭をそれほど使うものではないというイメージが持たれがちだ。認識力と運動能力を別ものにするどころか、対立したり反比例するものと捉える傾向さえある。しかし、上手になるためには、ポイントをつかむことが必須の条件となる。うまくできるかどうかの分かれ目が、一体どのあたりにあるのかということを自分で見極める。そのポイントを克服するための練習メニューの段取りを自分で組み、それを反復して練習する。これが、もっとも基本的な上達法だ。身体の運動は、すべてを言葉で表現しきれないものであることはたしかだ。しかし、重要なポイントを認識し言語的に表現できる力は、非常に重要なものである。運動神経がよいというだけで、何も考えずにできてしまうケースよりも、さまざまな工夫を意識的に行ってはじめてできた場合の経験のほうが、質的には濃い。

社会に出てみれば、運動能力は学校教育の中ほど重視されない。もちろん基礎体力はつけておく必要があるが、それ以上に重要なのは、自分のやっていることや他人がやっていることに対する認識力を向上させることである。動きのポイントをつかむということは、〈まねる盗む力〉に直結している。何をまね、何を技として盗むのかということに、すでに認識力を問われるのである。なんとなく見て、なんとなく覚えてしまったというケースは、もちろん多い。しかし、そのような自然な習得だけでは、多くのものを吸収しきれない。動きの本質を見極めようとして注意深く見つめ、認識力を働かせることによって、技を盗む速度と密度は高くなる。

からだの動きの習得にかんしては、このように要約力とまねる盗む力が直結している。そのことがもっとも端的にあらわれるのは、「型」の修練においてである。「型」はさまざまな動きをもっとも理想的なかたちに凝縮したものだ。身体の構えのあり方であるときもあるし、動きのプログラミングであることもある。どちらにしても、「型」は卓越した先人の要約力の賜物である。この「型」を反復練習することによって、達人の持っているさまざまな動きの本質を学ぶことになる。これは自発的に技を盗むということではないが、技の本質を伝えていくのには効率のよいやり方である。そして、技をある程度自分の身体に馴染ませていくと、その「型」にどのような動きが凝縮されているのかが、おぼろげにわかってくる。先人が行った要約のプロセスを、自分がもう一度たどり直すということになる。この作業は、動きに対する認識力を必要とするとともに、そうした認識力を強く鍛えることになる。

対話・コミュニケーションの基礎となる力

対話力やコミュニケーション能力の根本をなすのは、要約力である。対話が不毛になる原因のもっとも大きなものは、要約力の低さであると私は考えている。相手の言っていることの本質を的確につかまえる力がなければ、どれほど対話を続けても生産的にはならない。話し合いを感情的なもつれにしてしまう人がいるが、そのような人は要約力に欠けていることが多い。きちんと要約ができる場合は、たとえ価値観や考え方が違っていたとしても、理解することができる。理解ができるということによって、最低限の冷静さを保つことができる。お互いに相手の言わんとしていることの本質をつかもうと努力している状況においては、不毛な感情的議論に陥る危険性は少ない。

まず論理的に整理する要約力が、第一段階としては必要である。そのうえで、相手の価値観や感情をくみとって、相手が言葉にしている以上の本質を読みとる要約力が、高度な対話を可能にする。相手の言葉じりに感情的に反応するという次元と、相手の本当に言いたいことを逆にこちらから言葉で表現する次元とのあいだには、大きな開きがある。相手に対して攻撃的に応答したり、あるいは相手の言うことをひたすら聞くだけでは、対話力があるとは言えない。つねに相手の表現を要約できる力を基礎にして、コメントしていく。それがクリエイティブな対話力である。「要約力のない者に対話力なし」ということを、厳しいようだが、一度は認識しておかなければならない。

プレゼンテーションを支える要約力

欧米諸国と比較すると、日本人はプレゼンテーションが下手だと一般的に言われている。たしかに、苦手意識をはっきりと持っている学生は多い。たとえば、大学生にプレゼンテーションをやってもらっても、大勢を前にして話すということにそもそも慣れていないことが多い。何度もプレゼンテーションをやっているうちに、慣れてはくるが、慣れてきたからといって、必ずしもプレゼンテーションがうまくなるとは限らない。だらだらと長くなりすぎて、みなを退屈させてしまうということもよくある。あまりおもしろくない話でも一、二分ならば聞くことができるが、三分以上になると辛くなってくる。

プレゼンテーションは、一定の時間で自分の考えを要領よくかいつまんで説明するものだ。自分の言いたいことがきちんと要約できているプレゼンテーションは、聞いていてもすっきりする。プレゼンテーションが苦手だという状況の大元には、要約力への意識の低さがある。肝心なポイントをしぼり込むことなしに話を始めてしまうと、前置きばかりが長くなる。聞き手の関心をひきつけるための切り口としての「つかみ」であれば問題ないが、たんなる言い訳じみた前置きでは聞いているほうが疲れてしまう。言いたいポイントを三つ以内にしぼり込んで、冒頭から何を言いたいのかをはっきりとさせる練習から始めるのがよい。

要約力を、長い文章を短い文章に要約する力だと捉えるのではなく、多くの情報を自分なりに咀《そ》嚼《しゃく》し、自分の言葉におき代えて短く表現できる力として捉えなおすことに意味がある。そうすることによって、プレゼンテーションの能力が、要約力の問題として具体的に捉えられるからだ。これからの社会においては、プレゼンテーション能力は不可欠のものとなる。苦手ではすまされない。プレゼンテーターの人柄や持ち味がよく出たプレゼンテーションは、たしかに楽しい。しかし、これはそれぞれのスタイルの問題でもあり、共通の基盤として、多くの情報を段取りよくまとめる力がある。これは訓練次第で格段に上達するものだ。教科の如何を問わず、プレゼンテーションという発表形式を利用して、要約力を鍛えていくことができる。二〇分で話をしろと言われれば、それなりの話ができ、それを五分で、あるいは一分で話せと言われてもできる。それこそが、その話の内容が自分のものになっているということの、証である。

「神保町忍者部隊」

現在では、インターネットの発達もあり、部屋の中で座ったまま、情報を大量に集めることができる。こうした情報収集の技術を駆使できるようになるのは、もちろん重要なことである。しかし、だからといって、自分のからだを動かして外へ出ていき、人やさまざまなものに出会い触れあうことの重要性に変わりはない。コンピュータを通じてしか情報収集したことがないというのでは、からだが積極的に動かなくなる弊害も時に起こる。授業で座ったまま話を聞きつづける受け身の姿勢が習慣になりすぎて、自分から積極的に動くことができないのと似た状況が、ここにはある。

私は大学の授業で、「神保町忍者部隊」と名づけた実践を行っている。大学の授業は一時間半なので、そのうちの四〇分ほどを使い、本の街神保町で情報収集して戻ってくるというものだ。各グループ三人ほどで構成し、新刊書店や古書店をめぐりながら、ある一定のテーマに沿った情報を収集し、その成果を戻ってきて相互に発表する。テーマ設定は、あらかじめ統一したテーマをクラスで決めることもできるし、各グループで現場に行ったときに、本を見ながら決めていくというのでもよい。ある主題をめぐって、どのような書籍があり、それらはおよそどのような趣旨の主張をしているのかを報告するのである。これには、本を書店で短時間に要約する要約力が求められる。要約する能力とともに、複数の本を系統立てて配列する力も求められる。限られた時間の中で、どの書店に焦点をしぼるのかも決めなければならない。そうした意味では、総合的な段取り力も求められる。

実際にグループで街を歩きまわりながらテーマを深めていくと、知識を自分から積極的に動いてとりいれるという実感がつかみやすくなる。アクティブな学ぶ構えが、実際の行動として明確に意識される。「神保町忍者部隊」は、自分にとって重要な学びを得るためには、自分からからだを動かして積極的にかかわっていくことがまず必要だということを、実習するのがねらいである。忍者部隊と名づけたのは、忍者の首領が「散！」と言って忍者を各地にスパイとして放ち、一定期間後に再び集め情報を総合するというのをイメージしてのことである。

時間が限定されているので、担当を分けて、各人が多くの書籍を要約することが求められる。必然的に要約力と段取り力が求められる状況を作ることによって、こうした力の重要性が認識され、また鍛えられる。寺山修司は「書を捨て街へ出よう」と言ったが、現在の学生は、書を捨てる以前に書を持っていない。まず「書に出会うために街へ出よう」というところから始めなければならない。大学の授業で知識を伝達するだけでなく、書店に実際に足を運び、本を選ぶという行為を何度か実習することによって、本屋に行く習慣も身についてくる。

日常生活の中で鍛える

子どもの要約力を向上させるには、あらゆる状況を利用することができる。テレビのアニメ番組を見ていたとしても、そのあらすじやおもしろい点を要約して言ってみさせるだけでも効果がある。長い文章を読んで要約するだけが、要約力ではない。ドラマや映画を観ていても、同様にあらすじやポイントを言わせる訓練は可能だ。いっしょに見ている場合には、修正することができる。親がいっしょに見ていない場合には、話だけを聞いて流れがわかるかどうかを判断すればよい。誰が何をしたかが伝わらなければ、それを明確にさせる質問を親がしていく。アニメ番組であっても、筋やおもしろいポイントを的確に要約することは、小学校低学年では難しい。一体どんな話で何がおもしろいのかを、親が質問でうながしていくことによって、子どもの要約力は格段に鍛えられる。

なんとなく自分が感じればいい、といった曖昧な主観主義は、基礎力の向上にはつながらない。自分がどう感じたかではなく、客観的にあらすじやポイントを言えるかどうかのほうが基礎的な力である。そのような客観的な要約力は、主観的な発想を排除するものではない。むしろ的確な要約のうえに立った感想でなければ、発展性が低い。要約力の低い者のあいだでは、要約はそれぞれ違うものとなる。それは個性とはまったく言えない。たんなる要約の間違いである。これとは対照的に、要約力の高い者同士のあいだでは、要約はほぼ完全に一致する。価値観による評価はたとえ異なっているとしても、要約にかんしては、ほぼ認識を共有することができる。それが知性というものだ。各人が感じたものを大切にするという曖昧さよりも、レベルが高ければ要約を共有できるという信頼感のほうが、ワールドスタンダードな力につながっている。

2　質問力

日本人はなぜ質問が苦手か

私がことさら質問力などという造語を用いるのは、国際比較において、日本人は質問が苦手すぎるのではないかと思うからである。海外の学会と日本の学会で発表した経験を比べると、国内の学会のほうが圧倒的に発表後の質問が質量ともに貧困である。私の説明能力は当然、日本語のほうが優れているので、国内では海外よりも深まった質問がされてよいはずだが、現実にはまったく逆である。質問の質以前に、そもそも質問の用意の仕方が異なっている。日本では、発表や講演が終わったときに「では、質問はございますか」という問いがなされ、その後に空虚な間のあくことが多い。つまり、参加者はこのあいだに質問を考えようとしているのである。

私が思うには、「何か質問は」と問われてから質問を考えるのでは遅い。みなが考えている時間が無駄な時間となる。海外から講演者をよんだときに、こうした不毛な沈黙のときがあまりに長く流れると、申し訳ない気持ちになる。というのは、質問が出ないということは、話が聞き手に刺激をあたえなかったととられるからだ。日本人同士ならば、質問が出にくいという事情はわかるかもしれないが、海外の基準で言えば、これはレスポンス（応答）がないとしか見られない。

質問力〜『ゴルゴ13』ⓒさいとう・プロ／小学館　ビッグコミック連載中

超A級狙撃手ゴルゴ13（デューク・トウゴウ）は、相手の質問力や要約力を鍛える教育者だ。仕事に無関係な個人的関心による質問をゴルゴ13は許さない。また、依頼人が話の本筋からズレたときも「用件に入ってもらおう」と必ず注意する。ゴルゴ13と話す者は無駄を省いた情報量のある会話を鍛えられる。ちなみにゴルゴ13の段取り力は、世界最高級だ。

日本には長く、「目上の人に不躾《ぶしつけ》な質問をしてはならない」というルールがあった。安易な質問をしないということ自体は悪いことではないが、話をただ聞いているだけでまったく質問を思いつけないというのでは、国際的には、レスポンス能力に欠けるという評価を下されることになる。

私が講演を頼まれるさい、主催者の側から質疑応答の時間は結構ですから、その分話をしてください、と頼まれることが少なくない。質問をする時間をとらないということは、一見聴衆に不親切なようである。しかし、実際に何度も質疑応答の時間を経験してみると、必ずしもこれが不合理なやり方ではないとも思えてくる。というのは、質問が往々にして不適切なために、その質問者以外の聴衆が退屈してしまうからだ。もっともよく見られるのは、質問者が自分の知識を開陳するためにする質問である。前置きが長く、そこに質問者の知識がとうとうと並べられる。ひどい場合には、最後に質問がこないケースもある。また、質問の形式をとって講演者の考え方を批判するが、それが講演者の意図とは関係のない的外れなものであることも多い。あるいは、個人的な悩みや関心にひきずられすぎた質問は、ほかの多くの聴衆にとっては魅力的なものとはならない。講演会終了後に個人的に聞きにいけばいい内容のものと、その質問をすることによって聴衆全体に益がもたらされるものとの区別がなされていない場合が多い。

質問が的外れであったり、質問者がくどかったりすることがあまりに多いので、恐らく主催者の側もそれを見越して、質疑応答の時間を省くように指示するのである。これは、まさに日本における〈質問力〉の貧困を如実に示すものだ。講演者にまともな力があると仮定した場合、優れた質問が出れば、会場はライブな感覚が満ちて盛り上がる。講演者があらかじめ用意してきたネタだけではなく、質問によって、その場で新しい展開が生まれる可能性があるからだ。講演者自身にとって新たな扉が開かれ、光が射すような質問というものがある。そうした質問に答えながら答えを求めるという作業は、講演者にとってスリリングである。お互いに新しい意味がその場で生まれるという感覚を共有できるとすれば、それは本を読む場合とは違ったライブな空間特有の喜びとなる。したがって、要約がたとえ上手にできていても、話の内容を確認するだけにとどまるような質問は、クリエイティブな質問とは言えない。プレゼンテーターに刺激をあたえるような、角度のついた切り口の質問がベストである。

質問事項をメモしながら話を聞く

私自身が質問力ということを強く意識したのは、まだ学生だったころに海外の学者の講演会を聞いたときであった。それまでの経験から、講演後にすぐに質問が出ないことが予想できたので、話を聞きながら質問事項を考え、メモしていくようにした。英語の聞き取りが得意なわけでもないので、確実に把握できている内容について、的外れでない質問を用意することを心がけながら話を聞いた。話を聞き終えたときには、一〇個ほどの質問がメモとしてできあがっていた。発表後に質問が募られたときに予想どおり沈黙が訪れそうになったので、その一〇個の中からもっともよさそうなものを選んで質問した。質問が出たときに講演者が見せた笑顔を今でも覚えている。レスポンスがないことがもっとも悲しいことであり、失礼なことだと改めて感じた。

質問を考えながらメモをとる。こうしたノートのとり方は、一般的ではないが、やってみると実に効果的だ。自分に一体どのような質問ができるのかをメモしていくことによって、話の流れを把握するコツがつかめてくる。自分の問題意識と相手の問題意識をすり合わせる訓練が、質問をメモするという作業を通じて行われる。相手の話を的確にうけとめたことを、質問の質によって示すという意識を持つこと自体が、現在の日本人に強く求められている。

アクティブに聞く構え

対話は生き物だ。ソクラテスが自らの対話法を産婆術として捉えたのも、質問が相手から何かより高次なものをひき出すという思いからだ。相手をより高い次元にひき上げるために、あえて相手の意見を否定したり、相手に反駁《はんばく》する意見をあえて投げかけてみることもありうる。自分の意見に対する反対を乗り越えようとすることによって、考えが弁証法的に深まっていく。否定を綜合するかたちで発展していくらせん的な考えの深まりは、的確な質問によって加速する。

ディベートでしばしば見られるように、相手の揚げ足をとるような質問では、考えが弁証法的に高次なものになっていきにくい。お互いの対話を通じてよりよいアイディアが生まれ共有されるということが、ディスカッションの理想的なあり方だとすれば、現在流行しつつある相手の弱点を責め立てるディベートの練習は、必ずしもこれにつながるものではない。論理的に相手の弱点をつく技術以前に、お互いのあいだで新しいアイディアを生み出そうとする意思を持つことが、まず必要ではないだろうか。

近年、BBCやCBS、CNNのような欧米の放送局の番組が衛星放送で流されるようになった。そうした番組の特徴は、聞き手であるキャスターの質問が、日本の同種のものに比べて格段に優れているということだ。深くてなおかつシャープな質問にあふれている。日本のキャスターが海外の有名人にインタビューするさい、どうでもよいようなくだらない質問から始めて、相手を不愉快にさせてしまうケースがよく見られる。キャスターとしては柔らかく入ったつもりでも、ゲストには不真面目なものと映るのである。相手のことをしっかりと勉強していないことが明らかにわかる質問を最初にすれば、相手は質問者の力量を見切って浅い話しかしなくなる。これは当然の反応だ。

日本では、聞くことが完全に受け身の立場にあると思われがちである。しかし、聞くことは、アクティブな構えでなされなければ本当に聞くことにはならない。話し手に対してレスポンス（応答）することを前提にして聞くことによって、話は身に入ってくる。質問をするということは、自分を「さらす」ことになるので、ためらいが生まれる。相手の話を妨げたり不愉快にさせたりするのではないかと危惧《きぐ》するからだ。こうしたためらいを乗り越えていくための概念が、質問力である。

「海亀スープのゲーム」

「海亀スープのゲーム」とよばれる推理ゲームがある。これは、アメリカの大学生が作ったと言われている。問題は簡単だ。「ある男が海亀のスープを飲み、その夜自殺した。なぜ男は自殺したのだろうか」。このゲームでは、出題者に対して質問することが許されている。解答する側は、質問に対する答えを手がかりに、男が自殺するにいたったストーリーを頭の中で構成していく。

質問に対して、解答者は「イエス」「ノー」「関係ない」のいずれかでしか答えられない。質問はたとえば、次のようになされていく。「その男が自殺したのは海亀のスープの味と関係があるか」「イエス」、「その男は海亀のスープを飲む以前に自殺を考えていたか」「ノー」、「その男は独身か」「関係ない」といった具合である。質問だけを手がかりにしてストーリーを構成していくという作業は、想像力をかきたてておもしろい。答えが一つに導かれるとはとても思えない問題だが、実際にはここで用意されている解答は、唯一といってもいいほどの説得力を持っている。シンプルなのにもかかわらず、きちんと解答が定まっていくというところに、この問題のよさがある。

小学校や大学などでこのゲームを行うと、質問を工夫することの大事さが自ずとわかってくる。まず、イエス・ノー・関係ないのいずれでも答えることができないような曖昧な質問は拒否されるので、質問の内容をクリアにする意識が高まる。イエスという答えが得られた質問だけが手がかりになるのではなく、ノーという答えも有力な手がかりとなる。コツは、クリアな質問を論理的に積み重ねていくことだ。気をつけていないと、ほかの人がしたのと同じ質問をしてしまう。まったく関係ない質問をひたすら続けてしまうこともある。どうしても竜宮城の話の連想から抜け出せなくなってしまう人が必ず出てくる。あるいは、勝手にロマンティックなストーリーを、事実関係とは関係なく作り上げてしまう人もいる。

このゲームは通常、一時間以上はかかる。この間、質問の的確さが問われつづける。途中で聞くことがなくなり、沈黙が訪れることもある。そこから事態を打開するような質問が生まれれば、歓声があがる。質問をするということが、技であり力量であるということを、このゲームを通じて実感することができる。

質問の質について意識を強く持っていないと、曖昧な質問をしてしまう。このゲームで、イエス・ノー・関係ないのいずれかで答えることのできるような明確な質問を行う練習をすることは意味がある。明確な質問によって得られる明確な答えを積み重ねて、論理的にストーリーの展開を構成していく能力は、重要な力だ。なぜを連発することは、幼児においては探求心を示すが、小学校中学年程度からは、より明確なねらいを持った質問を意識させたい。なぜという質問は、発するのは簡単だが、答えるのは難しい。なぜという質問で鍛えられるのは、答える親や教師の側である。質問することが探求心の証明に直接なるわけではない。明確なねらいのある質問かどうかが、質問力の一つの基準になる。

どんな解答なのか、気になるだろうが、解答をここにのせてしまってもつまらない。読者には、自分の力で解答を見つけてほしい。けれども、ヒントとなる質問の数々と解答は、私のホームページにのせておくので、興味のある人はそちらを見てほしい。ホームページのアドレスは、あとがきと奥付の著者略歴にのせてある。

「質問力授業」

質問の質についての意識を高めるために私がよく行っているのは、「質問力授業」である。

四〇人のクラスにおいて、五人のグループを八個作る。そのうちの一つのグループが、一人ずつ自分の好きなものについて短いプレゼンテーションをし、残りの七つのグループは、それぞれのプレゼンテーションについて質問するようにする。効率よくするために、グループの五人に一番から五番までの番号をそれぞれつけておき、一番の人がプレゼンテーションをするときは、聞いている側のグループの中の同じ番号にあたる人間が質問するようにする。そうすると質問が七つ出ることになるが、その中でもっとも魅力的だと思われる質問を、プレゼンテーションをした本人に選んでもらう。そして、選ばれた質問をしたグループに一点があたえられる。

この要領で全員が一度は質問するようにする。ポイントは、教師ではなく、プレゼンテーションをした人間が判定するというところにある。質問の順番は早い順にしておく。同じ内容の質問はうけつけないということにしておくと、後になるほど質問を工夫しなければならなくなるので、全体にスピードアップする。

実際にやってみると、浅い質問から深い質問までさまざまなものが出てくる。もっともレベルの低い質問は、すでにプレゼンテーターが説明したことを聞きかえしてしまうものだ。次にレベルが低いのは、話の本質とはあまり関係のない些末なことを聞く場合や、明らかにプレゼンテーターも知らないようなことを聞いてしまう場合などである。一見深いようでも、あまりにも抽象的な質問は、プレゼンテーターにとって魅力的なものとはならない。答えが明らかに一つに決まってしまうようなもの、予想がついてしまうものなども、質問としてはあまり力を持たない。

質問する意味は、その質問によってプレゼンテーターが刺激をうけ、よりいっそうよい話をしたくなることにある。

この質問力ゲームをやってみてはっきりするのは、よい質問をするためには、相手の話の本質を把握する要約力が基礎になるということだ。自分が聞きたいことを勝手に聞く、というのでは魅力的な質問にはならない。相手の話の要点を押さえたうえで、相手の話がもう少し深まったり広まったりする方向へ水を向ける質問が、刺激的である。川を渡るために飛び石をおく感覚である。

たとえば、演劇が好きだという プレゼンテーションがあり、その話し手が話の枕として「芝居には暗転というものがあって、暗転によって一瞬真っ暗闇になる感覚が私は好きです。その暗闇の恐怖感が想像力をかきたてます」という話をしたことがある。話の本筋はその後の芝居のおもしろさにあるわけだが、質問のいくつかで、暗闇についてのものが出されたとすると、話し手からすれば、暗闇についての質問をする人は話の本筋をわかってくれなかったと映るので、そうした質問への評価は低くなる。このケースで発表者が「答えたくなる」と言った質問は、「今の話を聞いて芝居を見てみたくなりました。初心者にもおすすめという芝居はありますか」というものであった。話の要点をつかんでいるだけでなく、聞き手が自分自身の関心や考え方とすり合わせたうえで出す質問は、聞き手のリアリティや切実さが伝わり、評価が高くなる。

質問力座標軸

質問の質についての意識をより明確にするために、一つのヒントとして質問力座標軸をあげておきたい。まず質問には、浅い内容と深い内容のものがある。これを横軸にとる。浅い内容とは、情報を中心としたものであり、より深い内容は通常「本質的」とされているものだ。これだけとると、深い内容の質問がいいように思われるが、たとえば「あなたにとって人生とはなんですか」というような質問は、深いかもしれないが、曖昧すぎてよい質問とは言えない。

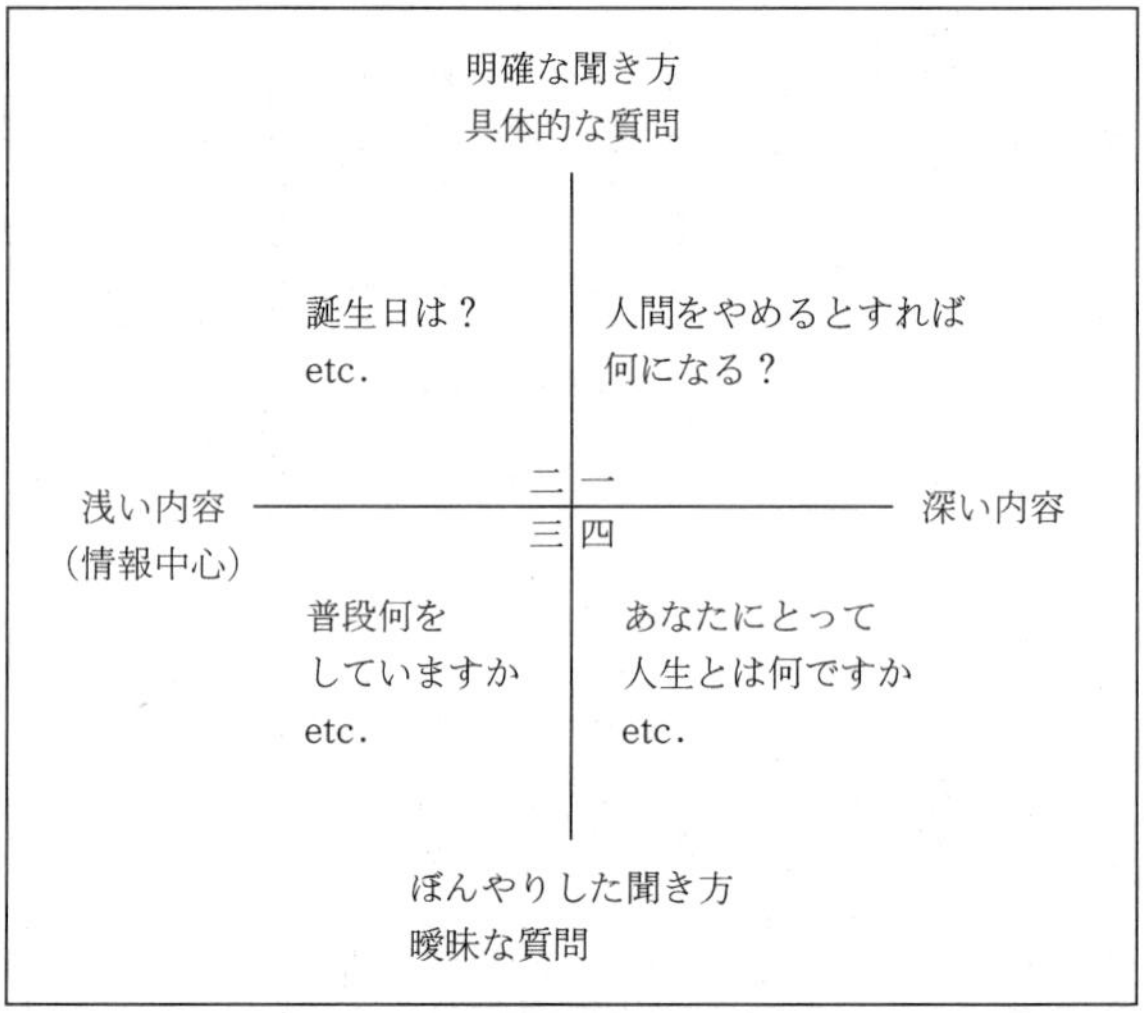

質問力座標軸

逆に、「どこにアクセスすれば豊かな情報が得られるか」といった質問は、情報中心ではあるが、生産的な質問だ。そこで縦軸に、明確な聞き方や具体的な質問と、ぼんやりした聞き方や曖昧な質問を両極にとった軸を立てる。すると右の図のようになる。

大きく分けて、この一から四象限の中に質問を位置づけてみる。すると、自分が普段している質問が、特定の象限に固まりがちであることに気づく人が多い。三象限の浅くてぼんやりしたことを聞く癖のある人や、一方で四象限の深いがぼんやりしたことを聞きたがる人もいる。状況や文脈にもよるが、基本的には一象限や二象限のように深くて具体的な質問や、浅いにせよ明確な質問が望ましい。質問力にかんしての座標軸の立て方はほかにもありうるが、この四種類に分けてみるだけでも、質問の質に対して自覚的になることができる。

ちなみに、一象限の「人間をやめるとすれば何になる?」は、俳人の加藤楸邨《しゅうそん》の「人間をやめるとすれば冬の鵙《もず》」を下じきにしている。市民大学で「冬の鵙」の個所に自分の好きなものをいれるという授業をやってみたときは、オリジナリティがある深い解答が数多く出た。質問の質の高さが、深い思考を導いたと言える。

3　コメント力

日本人はなぜコメントできないのか

コメント力は、〈三つの力〉の中でもっとも苦手だという人がいちばん多いものだ。何かを見たり聞いたりした後に的確なコメントをすることに、日本人は慣れていないことが多い。テレビの街頭インタビューなどを見ると、編集済みにもかかわらず、コメントにさえが見られないことが多い。

コメント力〜『ぼくんち』西原理恵子（小学館）

二太には、父親がいない。母親も家を飛び出していったきり。やくざな仕事をしている頼りない兄貴と、水商売の優しい姉ちゃんと暮らしている。『ぼくんち』は、悲惨な境遇をものともせずに生き抜く「生きる力」に満ちたパワフルな人々を描いた名作だ。これは、家族と離れるつらい状況に陥った二太が、泣かせるセリフを言う物語のラストの場面。相手と自分の両方に勇気をあたえるコメント力だ。

海外の番組の街頭インタビューと比較した場合、その差は一目瞭然である。一人ひとりが個性的なものの見方をする訓練をしているかどうかということが、この差の根底にはある。しかし、私が感じるのは、日本人の場合は実際のものの見方以上にコメントが平凡になりがちであり、欧米人の場合は、より個性的になされやすいということだ。みなが同じようなコメントをしても意味がないと、そもそも思っているかどうかという意識の違いが出ている。

コメントは、基本的に何かに対するレスポンスである。何かを見たり聞いたりしたときの自分の経験について、ある種の「責任感（レスポンサビリティ）」をもって応答するのがレスポンスである。何かを経験した後に、何もコメントすることがなかったり、あるいはまともなコメントをすることができなかったりするとすれば、その経験の質自体が疑われる。

コメントするという習慣が欧米に比べて日本に乏しいのは、コメントすることが一つの責任だという意識が希薄だ、というところにあるのではないだろうか。自分に対して誰かが話をしてくれたときに、「で、どうですか」と問われて何もコメントができないとすれば、相手が話をしてくれた労力に対して失礼になる。日本ではこうした場合に、ありきたりのコメントしか返さないというのはよくあるケースだが、これではレスポンサビリティ（責任感）の欠如だととられても仕方がない。

日本で従来尊重されてきた「以心伝心」は、たしかに美しいコミュニケーションのかたちだ。言葉にしなくともわかり合える相互理解のあり方は、もちろん大切なものだ。全部を言葉にしてしまえば、大切なものがむしろ伝わりにくい。しかし、言葉にしなくても雰囲気で伝わるという考え方は、ワールドスタンダードではない。

コメントは本来、その対象についてのさまざまな自分の認識を凝縮して言葉にしたものだ。コメントには軽いものも重いものもある。しかし軽重にかかわらずコメントに求められるのは、一種の思考と感性のエネルギーの凝縮だ。コメントに凝縮されたエネルギーが、コメントの生命力となる。

聞く力を鍛える

理解力や共感力ではなく、コメント力という力の設定をしたのは、コメントが外にはっきりとあらわれるものだからだ。心の中で相手に共感することはもちろん大切なことだが、それがコメントとして外にあらわれてこなければ、気持ちが伝わらない場合も多い。とりわけ、「なんとなくわかり合える」という日本的風土を持たない相手とのコミュニケーションでは、なおさらである。理解や共感をしていたとしても、コメントに直接つながるとは限らない。コメントの質を意識することによって、コメント力は高まる。いいコメントをしようと意識して話を聞いていれば、話を聞くさいの集中力は高まる。

最近はカウンセリングが一般に浸透してきた影響もあって、人の話をゆっくりとよく聞くことの重要性が認識されはじめている。人の話をしっかりと聞いてあげることが大切だという姿勢はもちろん悪いものではない。しかし、ただ同意されたりうなずかれたりするだけでは、通常のコミュニケーションのあり方としてはもの足りない。「聞き上手」というのが、たんに、にこやかにうなずくことだけを意味するのでは、クリエイティブな聞き方とは必ずしも言えない。的確なコメントや質問をその都度おりまぜることによって、対話の流れが出てくる。話す聞くという流れが一方向に固定化することは、カウンセリングの場面は別として、それほど望ましいことではない。

質問やコメントといったアクティブな応答を心がけて聞く姿勢が、本当の聞き上手ということではないか。聞くという受動性の強い行為の裏に、つねにコメントするというアクティブな動きが張りついている。こうした受動と能動が表裏一体となった構えを習慣として身につけていくことが、コミュニケーション能力の向上につながる。しっかりしたコメントを言うことを責任として感じながら聞くという習慣は、私たちにはいまだ日常的ではない。コメント力というコンセプトは、聞く力を明確に鍛えようとするものである。

「ほめほめ授業」

コメント力のある人との対話は楽しい。教師や親にコメント力があれば、子どもは伸びる。ほめるということも、コメントの重要な一部だ。ほめることも、一つの技であり、意識してある程度鍛えることができる。何も意識しなければ、「いいですね」「おもしろいですね」といった平凡な言葉しか出てこない。

ほめるということが、一つの技であり力であることを共通に認識するための授業として、「ほめほめ授業」というものを開発したことがある。クラス全員で絵を描き、それを壁に貼り出し、すべての絵を順々にほめていくという授業だ。ポイントは、ほめ方が難しい平凡な絵や下手な絵をどのようにリアリティをもってほめるかということにある。あるいは上手な絵であれば、描いた当人にとってさらに刺激のある新しい見方を示すようなコメントが求められる。

とにかく、いろいろな角度からほめるというように肚《はら》を決めてしまうと、それまで見えていなかったものがいろいろと見えてくる。リアリティのないほめ言葉は、誰にでもお世辞だとわかってしまい、説得力を持たない。言われてみるとたしかにその通りだと、みなに思えてくるようなコメントが最高である。

私たちは誰でもほめられるのが好きだが、人をほめる技術を意識的に磨くことは普段あまりしていない。私自身も、何も意識しなければ、ほめるよりは悪い点を指摘するほうに流れてしまいがちだ。生来の才能のある子どもは、ほめられる機会が多いのでいっそう伸びていく。一方で、逆にそれほど傑出した才能のない子どもは、ほめられる機会が少ないために伸びるきっかけをつかみにくい。この「ほめほめ授業」は、私自身の課題を克服するための授業でもあった。

一時間ほどほめ続けていると、終わったときにどっと疲れが出る。よいところを探して、リアリティのある言葉でコメントをするという作業は、意識の集中を要求するからである。みながべたべたとほめ合う関係は気味が悪いものだが、ほめることを一つの力として意識化する機会として、この授業には意味がある。この授業のポイントは、うまい絵を描いた人が評価されるのではなく、よいコメントをした人が評価されるということにある。「ほめほめ大賞」を評価のタイトルとし、だれが大賞かということを議論してみると、自ずと共通の認識が生まれてくる。どういうコメントが人を活性化するのかということについての基準やセンスを共有していくことが、一番のねらいである。

他者への贈り物としてのコメント

コメントは、他者に対するレスポンス（応答）の中心である。相手の存在を認める意味が、コメントにはある。しっかりとしたコメントをすることが、相手を認めたということを示す。おざなりなコメントしか返せないとすれば、相手はその人の自分に対する誠意を疑うことになる。たとえ心情的には誠意を持っていたとしても、意味のあるコメントができなければ、とりわけ国際的な状況においては厳しい評価をうけることになる。言葉にしない事柄は、基本的には伝わらないとされるからだ。

優れたコメントは、他者に対する贈り物となる。教師の一言が、その後の生涯を生き抜く力となることもある。コメントには、それだけの力がある。つねにそのようなコメントをするのは難しいにせよ、別れの場面など特別なときには、その後の力となるコメントができるように訓練すべきである。「これからもがんばってください」という言葉では、コメントとしてはほとんど意味がない。別れのさいの色紙に、このような力のないおざなりな言葉が羅列されないためには、コメント力のトレーニングが必要である。

コメントという比較的軽い外来語をあえて用いるのは、この力においては、欧米社会のほうが基本的に優れていると考えるからだ。パーティーや演説のような公共的空間におけるプレゼンテーション能力は、欧米社会のほうが優れている。これは英語力の問題などではなく、短時間に自分の考えをプレゼンテーションする訓練自体が日本人に足りないからだ。自分の考えを要約し、印象に残るコメントにしていく作業は、万国共通の課題である。日本の大学生に接していると、高校までの段階でこの訓練自体をあまりうけていないように感じる。プレゼンテーションやディスカッションの機会を多くし、その度ごとにコメント力や質問力といった観点から相互を評価しあうトレーニング環境を整えることが、この力の向上には必要である。まずは、お互いのコメント力の低さを指摘しあうよりも、よいコメントだと思ったときに「コメント力があるね」といった言葉で評価する環境を作っていきたい。何が優れたコメントかについての共通認識を作ることが、何よりも重要だからである。

コメント力の達人、孔子

コメント力という観点から見ると、なんといっても傑出しているのは孔子《こうし》である。『論語』は、孔子とその弟子たちのやりとりを記録したものだ。孔子の人物と思想はもちろん優れている。しかし、それだけではなく、孔子の言葉は簡にして要を得ているうえに、普遍性を持っている。

孔子は普遍的な真理も説くが、弟子たちの各人の質問に対して、それぞれの特性を見極めつつコメントをする。したがって似たような質問でも、聞く質問者の質問が違えば答えも自ずと異なってくる。その時どきの弟子の質問に対して答えた言葉であるにもかかわらず、その言葉は歴史を超えて影響をあたえる普遍性を持っている。

コメントの究極のかたちは、おそらく格言である。孔子の言葉は格言化して、現在も影響をあたえている。

『論語』雍也《ようや》篇に冉求《ぜんきゅう》という弟子と孔子とのやりとりがある。

冉求いわく、子《し》の道を説《よろこ》ばざるにあらず、力足らざればなりと。子いわく、力足らざる者は中道《ちゅうどう》にして廃す、今女《なんじ》は画《かぎ》れりと。

このやりとりに対しては、下村湖人が『論語物語』（講談社学術文庫）の中で「自らを限る者」というタイトルで物語化している。この短文は、その中でも、もっとも印象的なものの一つだ。

冉求は、迷っていた。道を求めていると自分では思いながら、どこかで道を逃げたがっていると も感じていた。孔子の門に入ったのもいい仕官の口をえたいためであり、孔子の考えが必ずしも仕官に直結しないことにも不満をいだいていた。「門人仲間では謙遜家《けんそんか》のように評されているが、それは負け惜しみや、ずるさから出る、表面だけで謙遜であることを、彼自身よく知っていた。彼は自分の腹の底に、卑怯な、こざかしい鼬《いたち》のような動物が巣くっていて、いつも自分を裏切って、孔子の心に背《そむ》かしているような気がしてならなかった」（p.59）。

とうとうある日、ただ一人で孔子に面会を求め、次のように言った。「私は、先生のお教えになることに強いあこがれを持っています。ただ、私の力の足りないのが残念でなりません」。(p.60)自分を卑下する冉求に対して、孔子は、今おまえは自分で自分の力を限ったと言う。『論語物語』の孔子は、これをこなれた言葉で話している。

「おまえは、自分で自分の欠点を並べたてて、自分の気休めにするつもりなのか。そんなことをする隙《ひま》があったら、なぜもっと苦しんでみないのじゃ。お前は、本来自分にその力がないということを弁解がましくいっているが、ほんとうに力があるかないかは、努力してみた上でなければわかるものではない。力のない者は中途で斃《たお》れる。斃れてはじめて力の足りなかったことが証明されるのじゃ。斃れもしないうちから、自分の力の足りないことを予定するのは、天に対する冒瀆《ぼうとく》じゃ。なにが悪だといっても、まだ試してもみない自分の力を否定するほどの悪はない。それは生命そのものの否定を意味するからじゃ。しかし…お前は、まだ心からおまえ自身の力を否定しているのではない。おまえはそんなことをいってわしに弁解《いいわけ》をするとともに、お前自身に弁解をしているのじゃ。それがいけない。それがお前の一番の欠点じゃ」。(p.62)

「今女《なんじ》は画《かぎ》れり」というコメントは、現在の私たちへのコメントにもなっている。孔子は、現実的な人物で、むやみに理想だけを追い求める人間ではない。しかし、強く学びつづける姿勢にかん求に対しては非常に厳しい。自分自身の成長を限定し気休めにする態度をいましめる。しかし、孔子は冉求に対して、いつもこのようなコメントをしていたわけではない。冉求が迷いの中にいることを十分承知しながら、冉求が自ら問うのを待っていたのである。そして、ここぞというタイミングで、深く肚に染み渡るようなコメントを一言発したのである。

この短いコメントは、恐らく冉求を絶望させたのではなく、生涯にわたって刺激をあたえる働きをなしたと思われる。長々と説教が続けば、肝心なポイントがぼやけるだけでなく、言葉が素直に肚に染み渡る構え自体が崩れてしまう。「機」を逃さず、簡潔に言い放たれた言葉は、深く身体にはいり込む。そして、その言葉が反復的に影響をあたえることになる。つまり、言葉が血肉化したのである。

このように相手や状況によって、機を逃さずに的確なコメントをしつづけた孔子は、やはり恐るべきコメント力の達人であると言わざるをえない。孔子の言葉をコメントというコンセプトで捉えるのは軽すぎると思われるかもしれない。しかし、孔子の言葉のクリアさと絶妙の間合いは、コメントというものが持ちうる最高のかたちだと私は考える。コメントが卓越した技となっている。短いコメントの中に莫大な思索が凝縮され、相手との関係のあり方への配慮が込められている。優れたコメントは、相手を刺激し成長させずにはおかない。その意味で、コメント力は教育者の力量の一つの大きな柱である。

第三章 〈三つの力〉②——段取り力

社会ではどんな力が求められるのか

段取り力という言葉も私の造語だが、内容は文字どおり段取りをつける力のことだ。段取りとは、芝居などでの筋の運びや組立て、あるいは事の順序や方法を定めること、くわえて心構えを工夫することなどを指す。「仕事の段取りをつける」というように、事を運ぶ手はずをあらかじめ整えておくという意味である。

最近、音楽や映画、スポーツなどの分野で、プロデューサーが表舞台に立つようになってきたが、プロデューサーの本来の仕事は、裏で段取りをつけることである。プレイヤーが動きやすいように舞台を設定し、事の運びをあらかじめ整える段取り力が、プロデューサーには求められる。自分自身が表に立ってプレイするわけではないが、こうした段取りを組む人間がいなければ、大きな場は成立しない。段取り力とは、言葉を換えれば、場を作る力である。ホームパーティーや飲み会、部

段取り力〜『おたんこナース』佐々木倫子（小学館）

新米看護婦の似鳥《にたとり》は、生来おっちょこちょいなうえに、看護婦の仕事の段取りが身についていないので、次々に失敗をする。看護の仕事は段取りが命で、一つ間違えば大事故につながる。しかし、新米看護婦は仕事の流れを予測できないので、指示待ちになりがちで、クラゲのように浮遊する。社会的な実務の世界では、たんに机上の勉強ができるだけでは足りない。他人の動きを見て、全体の見通しを持ったうえで行動する〈段取り力〉が必要とされる。臨機応変に状況に対応する力も、この段取り力に支えられている。先輩の仕事をまねて盗みながら、仕事を段取り、やがては全体をマネージメントする力を身につけていく。

活の合宿など、どれほどささやかなものであっても、そうした何人かがかかわる場がうまくいくかどうかは、それをとりしきる人間の段取り力にかかっている。参加している人間はその場を楽しく動ければいいわけだが、段取りをする人間は、事前に状況をシミュレーションし、当日も展開を読みながら気を配っていく。

こうした裏方的な仕事をこなす段取り力は、実は、ビジネスの世界や人間関係の場では本質的な力である。しかし、この力は、学校教育ではあまり評価されることがない。むしろ、足が速いとか算数ができるといった個人的資質が評価の対象となってきた。幹事は大変なわりには浮かばれないことが多い。

私が段取り力を重要な力の一つに設定したのは、一つにはこれが現実の社会、とりわけ仕事においてもっとも重要な力だと考えたからであり、もう一つは、一般的にこの力の鍛え方が足りないと感じているからである。

私は、二一世紀に求められる基礎的な力を決めていくプロセスで、社会で実際に仕事をしている人やこれまで人生を長く生き抜いてきた方たちに、「本当に必要な力とはどういうものか」という問いをめぐって話を聞かせていただいたことがある。経営者の方にも話をうかがった。就職難の昨今、「どういう人を採用したいか」という問いは、学生を送り出す私にとっても切実な問いであった。そうした方々の意見をうかがっているうちに、自分から動いて場をしっかりと創っていく力が重要だという筋が見えてきた。経営者である堀江勝人氏は、周りの人の動きをよく見て次の展開を予測し、自分がどう動けばいいのかをいつも考えている人間がほしいという意見であった。堀江氏と話すうちに、それは日本語で言うと、段取りを組む力ではないかと思うようになった。

一人でやる仕事にも、もちろん仕事の段取りをつける力は必要である。ましてやチームやあるいは外部の人間と交渉しながら進める仕事には、それ以上に段取り力が求められる。段取りがうまくなければ、他人の時間を無駄にすることになる。大工という仕事は、全体の段取りがしっかりとしているので、一人でもその段取りがわかっていないと、周りに波及的に無駄をひきおこしてしまう。大きな段取りを決めていくのはもちろん親方だが、職人の一人ひとりが段取りを把握していなければ、スムーズに事は運ばない。

ツボを押さえて場を作る

段取り力は、細かくタイムキーピングすることではない。むしろ、枝葉末節は捨てて骨組みをきっちりと押さえ、大過がないようにする力である。重要なツボをしっかりと押さえておくことによって、かえって融通が利くようになる。そうした自由な動きを可能にする力が、段取り力である。

タイムキーピングをあまりに細かくされると、その場で生み出されるはずのパワーが落ちることが多い。私はシンポジウムに参加する機会が多いが、あるとき司会の人が全員に平等な発言の時間をあたえるということで、厳密に細切れの時間割をしたことがあった。一つの問いについて、一人一、二分で五人の参加者が平等に答えていく。そしてまた次の質問に移るといった具合で、予定されたとおりに多くの質問がこなされていった。しかし課題は一応こなしたものの、やっている私たちも、また恐らくは聞いている聴衆も、時間に追われて肝心なところに行き着けないという印象を持った。

その場で自由に討論が絡みあったりすることで、新しい何かが生まれるクリエイティブな雰囲気が、あらかじめ排除されてしまっていたのである。車のハンドルにもいわゆる「あそび」が必要だ。あまりにもきっちりと空白を埋めすぎてしまえば、自由な動きがむしろ阻害されてしまうことが多い。段取り力とは、これとは対照的に、要所を押さえてあそびを作ることのできる力だ。状況に合わせて、その都度細かなずらしを行っていく臨機応変な対応力が、段取り力というコンセプトには込められている。

杓子《しゃくし》定規な捉え方しかできないというのでは、段取りを組むことはできない。全体を大づかみに把握したうえで、突発的な出来事をもプラスに転化してとり込む柔軟性が段取りには含まれる。チームスポーツの監督というのは、選手を集めるマネージメントから練習メニューの立て方、あるいは試合中の戦略の変更など、さまざまな次元の段取り力が必要とされる仕事である。段取りの悪い監督だと、大事な場面で代打の切り札をすでに使ってしまっていたとか、延長戦に入ったのに、ろくなピッチャーがいないという事態をひきおこしてしまう。

ピッケルと冒険家の段取り力

段取り力は、さまざまな領域で必要とされる力であるが、登山においてはとりわけ重要な力である。というのも、冬山登山のように危険な登山の場合には、この段取り力のあるなしが生死を分けることになるからだ。植村直己や長谷川恒男《つねお》といった高名な冒険家は、緻密な準備をする。実際に登山する前に、綿密な段取りを組む。

長谷川恒男は、三大北壁とよばれる、マッターホルン北壁、アイガー北壁、グランドジョラス北壁の冬季単独登攀《とうはん》という世界的偉業をなしとげた登山家である。グランドジョラス北壁を登る模様は、映画『北壁に舞う』という記録フィルムに収められ上映された（一九七九年）。私は封切り当時にこの映画を観て感動した。その並はずれた体力と精神力だけではなく、偉業を達成するために、緻密な合理的判断の蓄積があることに感銘をうけた。長谷川は、『生きぬくことは冒険だよ』（長谷川昌美・小田豊二編、集英社）でこう語っている。

山に登るというのは、身体だけもっていけばいいというわけではない。私はいつも完璧に準備をしたいと思っている。だから、登山をするために必要な道具も自分で図面を引き、材料を選定する。職人も一流の人を使う。そして、その職人との完璧なコミュニケーションができたときに、はじめて道具もいいものができる。ひとつの〝もの〟をつくることに関しては、どんな職人でも技術的な問題はない。しかし、つくることに対する思想と主張がないと、その目的に応じたものはできない。道具は道具にしかすぎないかもしれない。しかし、その道具を使いやすくするかしないかは、それを扱う技術者にかかっている。いい職人の手にかかったとき、道具もまた生きてくる。グランドジョラスを登るにあたって、私は新しいピッケルをつくった。これはじつに素晴らしいものだ。ヨーロッパのどんなピッケルよりも破壊力があり、バランスもよい。世界で一番のピッケルだと思う。これをつくるのに一年かかった。衣料品についてもいろいろと工夫をした。なにしろ厳寒のなかに一週間も十日もいなければならない。衿《えり》の高いものを一枚着ると、衿のないものを二枚着るより行動しやすく温かい。また、綿のものとウールのものを重ねて着ると温かく、ウールのものだけをいくら着ても温かくないことを覚えた。いろいろなことを経験し、工夫をするなかで、自分の保温を考える。人間にとっていちばん寒さに弱い部分は、脊髄《せきずい》と肘《ひじ》・臑《すね》・手首などだ。そういうところを保温するにはどうしたらいいかを考え、工夫をして衣料計画を立てた。（p.88–89）

既成のピッケルを使うのではなく、一年かけて一流の職人さんに新しいピッケルを作ってもらう。作るプロセスにおいてコミュニケーションを重ね、自分の命を預けられるほど使いやすい道具を作ってもらう。長谷川のように単独で登攀する場合には、すべてを自分ひとりで決定しなければならない。孤独と戦いつづけることになる。そうしたときには、道具が自分のパートナーとなる。長谷川はこう言う。

道具を使いこむとそれらは、語りかけ、訴えかける。そこに生命が宿ってくるように思われる。その心情が、「ザイル、頼むよ」という言葉となって表れてくるのだ。「しっかり確保してくださいよ。もう少しの辛抱ですからね……」。足もとを見ると、いままで担いでいたザックがころがっている。そうなると、むしろザックのほうがより人間的に見えてくる。ザックや、引きずってきたザイルが非常に頼もしく思えてくる。ザックにも、ザイルにも人格があった。（中略）山の道具には、まさに魂が宿っている。私とともに厳しい自然の試練を味わってくれる道具には、なにものにも代えがたい愛着が湧いてくるものだ。人格のある友人のような気がする。（p.47–48）

こうした道具を準備するところにも段取り力が生きている。先を読み、さまざまな危険を予測し、緻密な段取りを組むのである。それでも実際には、突然の悪天候など、不測の事態はおこってくる。そうした事態への対応力を増すためにも、的確な段取りが求められる。これは、仕事一般に求められる力であろう。

高橋尚子選手はなぜ金メダルをとれたのか

二〇〇〇年のシドニーオリンピック女子マラソンで高橋尚子選手が金メダルを獲得した。この金メダル獲得の裏には小出義雄監督の緻密な段取り力がある。高橋尚子選手は卓越した力量を持ってはいるが、調整を誤れば、彼女ほどの力量を持っていても勝つことはできない。実際、一九九九年のセビリアの世界選手権のときには、レースの三週間ほど前にあまりにも調整が順調にいっていたために、ご褒美として高級レストランで食事したが、そのさいに冷えすぎて風邪をひき、棄権せざるをえなくなったことがある。

小出監督は、選手一人ひとりの性格やその日ごとの体調を見極めて、練習メニューを一人ひとり組み替えていく。「もうすぐ生理が来そうだな、終わったばかりだな、今は集中して走らす時期だな、とかね。人間の体だもん。1日1日一人ひとり全部違うさ。それによって練習メニューも変える。『今日はもう上がろう、オレと一緒に手つないで帰ろう』っていうサジ加減。メニュー通りに走れたら監督なんかいらねえよ」(『日刊スポーツ』一九九九年四月一八日付)。この練習メニューを作り、組み替えていく力が、まさに段取り力である。小出監督はこう言う。

レースで勝つためには、考えぬいた調整が必要になる。たとえば、レースの何日前に四十キロを走らせて、何日前に二十キロぐらい走らせて、何日前にスピード練習をやり、レースの前日には何をやるか、という具合に練習のメニューをきちんと決めておかなければならない。食べ物にしても、レースの前日には何を食べさせたらいいか、ということまで考えなければならない。これが実はとても難しいのだ。もちろん、調整方法はそれぞれの選手にいちばん合った形にしなければならない。そのためには、選手の体のバイオリズムをきちんと把握しておく必要がある。そこまでやらないと、調整はうまくいかないのだ。だから、非常に時間も掛かるのである。（中略）高橋に関しては、最高のコンディションに持っていくのに、少なく見積もっても一年半ほどはかかる。何回もいろいろなことをやってみて、彼女にぴったりと合った調整方法を探し出すからだ。それくらい綿密にやらなければならない。そうして緻密《ちみつ》な計算に基づいて調整するから、高橋はマラソンで失敗したことは一度もない。途中で歩いたりしたことは一度もないし、「ヨーイ、ドン！」で走り出したら、最後までとにかくどんどん走っていく。（中略）高橋は、ふつうの女子選手と比べると筋肉の質が全然違う。彼女の筋肉は、常人に比べ、非常に大きく太い。だからこそちょっとでも練習を休むと、すぐに衰えてしまうのだ。筋力が落ちて、脚がすぐにタランとなってしまう。それは走らせてみれば、すぐに分かる。したがって彼女の場合は、普通の選手のようにレースの直前になっても、あまり練習量を落とすことができないのだ。他の選手たちがゆっくりジョギングしているときでも、彼女にだけは「もっと飛ばしてもいいぞ」といってやらなければならない。（小出義雄『君ならできる』幻冬舎、p.93–96）

小出義雄監督の大胆かつ緻密な段取り力

選手一人ひとりのからだや性格に合った調整法を考えるだけではなく、走るコースの性質を考慮にいれることも、練習メニューを組むさいの要件だ。平坦《へいたん》なコースとアップダウンの激しいコースではまったく調整方法が異なるという。「シドニーのコースを見て、このコースだと世界選手権に向けてやった練習では全然違うな、と思って練習方法を変えました。セビリアは平坦なコースだったから、世界最高記録を狙う練習をした。でも五輪は記録よりも勝負が大事だから、それを目的にしたんです」(『Number』OCTOBER 2000, p.35)。シドニーのアップダウンのきついコースで勝つために、小出はそれまで例のない標高三六〇〇メートルもの高さでの高地トレーニングを行い、「世界記録を作りたいなら世界記録を作る練習、五輪でメダルを取りたいならメダルを取る練習がある。非常識じゃなきゃ常識的な記録しか出ないんだよね」と言う(『日刊スポーツ』一九九九年四月一八日付)。

小出監督は、アメリカのボルダーでの高地トレーニングでは、本番のコース以上に条件の悪いところで練習をやるべきだという考えから、前例のない標高三六〇〇メートルの街でのトレーニングに踏み切った。そして、快適な住環境を用意するために、自宅を抵当に入れて現地に家を買った。食事も調理師をつけて最高のものを用意した。

現地の下見も綿密で、一キロごとに高橋はコースを覚えたと言う。二〇〇一年のベルリン・マラソンで、公言した通りに世界新記録を作ってみせたときも、一キロごとのポイントをしっかりおさえて完璧なペース配分で走り切った。シドニーの場合は、勝負に勝つためのアップダウン中心の練習メニュー、ベルリンの場合は、記録を出すためにスピードが出る練習メニューといったように、レースの性格とねらいに合わせて段取りを組み替えている。柔軟な段取り力である。

こうした長期にわたる段取りを組んだうえで、実際のレースの最中の戦略という段取りが最後にやってくる。金メダルをとるための戦略の青写真をしっかり描いておいて、そこから練習メニューを立てていくということだ。「五輪のような大会で、いいメンバーが集まった時には絶対にハイペースにならないと確信していた。もし全力で飛び出しても、他の選手は軽くついてくる、そうなると先頭に立っている方が損だ。そう読んで、スピードをつける練習ではなく、後半のアップダウンで勝負できる練習を組んだ。練習では、昨年の世界選手権のタイムより、14マイルのコースで4分遅く走るような状態にさせていた」(『Number』OCTOBER 2000, p.35)。

そして最終的な戦略の指示として、次のように高橋選手に伝えている。「高橋には、17kmあたりからは5人くらいにしておかないと勝てないよ、それに28kmを過ぎた時には3人くらいにしておかないと駄目だよ、とだけ言っておきました。怖かったのはロルーペさんで、あと10kmのところまで彼女につかれたら負けるよ、ということだけは口を酸っぱくして言っていました」(同、p.35)。

ここには、非常にさまざまな次元の段取り力が凝縮している。高橋尚子のおおらかな力強い走りは、小出監督の緻密で大胆な段取り力によって養われている。

松下幸之助の大胆不敵な段取り力

段取り力は、仕事に直接必要とされる力だ。言われたことだけを狭い視野でやっているのでは、いい仕事はできない。自分の仕事の意味をもっと大きな全体の中で捉えなおし、どのように動けばいいのかを自分で判断できる力が仕事には求められる。「損して得とれ」ではないが、小さな利を捨ててでも大きな利を得るのが、段取り力である。

松下電器の創業者松下幸之助には、こうした大局的な見地からの、しかもアクティブな段取り力のエピソードが数多くある。彼が新しく開発したナショナル・ランプの発売にあたってとった宣伝のやり方も、その一つだ。発売開始の時期は一九二七年（昭和二）、金融恐慌による銀行閉鎖があいついでいた不況の時期である。『人間松下幸之助』（神山誠、虎見書房）によれば、松下幸之助の立てた段取りはおよそ次のようなものだった。

松下は、宣伝のためにランプ一万個を市場にただでばらまくことにした。これだけでも大変な決断だが、おもしろいのは、ランプとセットになる電池を作っている岡田乾電池という会社にも、一万個無料で提供させようと考えたということだ。当時の岡田乾電池は、松下電器よりはるかに大きい会社であった。経済不況の最中に、電池を一万個ただでくれという提案を、松下は岡田にした。当然、岡田は驚いた。神山の文章を借りれば、松下は次のように説得した。

「岡田さん、あんたが驚かれるのは無理もありません。しかし私の考案したこのナショナル・ランプは、宣伝方法に当を得れば、必ず非常な売れ行きを見せるに違いない確信を持っています。だから一万個の実物を宣伝に供する肚《はら》を決めたのです。それであんたに電池も宣伝をかねる意味で一万個タダ下さいと言ったのですが、故もなくタダ貰おうとは思いません。それには条件をつけましょう。今月は四月ですが、年内に電池を二十万個売って見せましょう。その時に一万個だけまけて下さい。その代り二十万個が一個でも欠けたら、一個もまけていただきません。私には確信がありますから、その約束さえして下されば、一万個は貰ったものとして帰ります」。(p.125)

この肚の据わった言葉に岡田は感服し、賛同した。この宣伝方法は功を奏し、年末には四七万個の売り上げに達していた。このエピソードは、段取り力の例としてはノーマルなものではないかもしれない。ここでこの例をひいたのは、段取り力をあまりちまちましたものとして捉えてほしくないからだ。自分であらかじめ予測でき十分達成可能な目標ばかりを立て、それに対して適度な手順やスケジュールを用意するというのでは、改めて目標を立てるべきほどの力ではない。何事もなく平穏無事にたんたんと達成できる目標ではなく、自分の努力や成長を含み込んだ予測を立て、それを実現するための大胆かつ現実的な段取りを組む。これが段取り力の理想である。

腰だめでチャレンジする

夢を漠然と語るだけではリアリティがない。逆に、自分の成長を見込まないとすれば伸びがない。高めの目標に対して、それを実現するためにリアリティのある段取りを組む。それを支えるのは、決断力と確信だ。つまり、「肚を決める」ことが、強力な段取り力を導いている。

段取り力を、小器用な仕切りの技術と同一視すれば、このコンセプトは魅力を半減させることになる。チャレンジしていく余白を組み込む決断の強さを、このコンセプトにはイメージとして含ませたい。

小さなスケールで効率のよさだけを追求し、手順を整えるというだけではもの足りない。それではよくできたツアー旅行の域にとどまる。予測が不透明な状況であっても、現実を作り出していくためにリアリティのある段取りを組む。こうした腰や肚の据わった現実への構えを、段取り力のイメージと重ねあわせたい。

「腰だめ」という言葉がある。これは、火縄銃のような旧式の銃を撃つときに、腰に銃をあて、ねらいをよく定めないで撃つやり方のことだ。現在のライフル射撃のように、目線と重心を合わせて正確に照準を定めるというやり方ではない。そうしてみると、腰だめというのは一見不正確な撃ち方のように思える。しかし、腰だめというのは、いい加減な撃ち方というわけではない。火縄銃のような旧式の銃は、現在の優れたライフルのように弾道が安定してはいなかっただろう。したがって、非常に細かく照準を決めたとしても、現実にはズレは避けられない。しかも、衝撃は大きい。であるならば、腰で安定させてしっかりと構え、およその感じで目標をねらうという安定感を優先させたのではないかと想像する。

ここで腰だめという言葉を出したのは、現実の世界では、優れた銃で細かく照準を合わせるよりは、旧式の銃を腰だめで撃つという例のほうがリアリティがあると考えたからだ。現実は不確定な要素が多く、流動的だ。自分の予定どおりに事が運ぶことは、むしろ稀である。つまり私たちは、つねに旧式の銃で現実に向かっているようなものなのではないだろうか。肚の中で自分に都合のいい細かな計画を次々と積み上げていくことは、「捕らぬ狸の皮算用」ということにもなる。会社経営などの場面では、実際にかつてはよく「ここは腰だめでいこう」という言葉が使われたようだ。正確に照準が合うことを望んでいたら、躊躇してしまい、いざというときに撃ちにくくなる。骨組みとなる段取りが見えたならば、まずは腰だめで弾を撃ち、現実にアクションをおこす。そこから事が始まる。段取り力は、この「腰だめでいく」イメージに近い。

ヴィジョンと意思をもって現実に向かい、同時に現実の変化に対して柔軟に対応していく。こうしたリアリティに即したアクティブな姿勢を裏で支えるのが、段取り力である。

料理が鍛えた段取り力

とはいえ、段取り力をあまりにスケールの大きなものとばかり捉えるのも、誤解だ。段取り力を鍛えていく機会は、生活の中のさまざまなところにある。たとえば料理は、典型的に段取り力を鍛えるものだ。

私が市民を対象とした講演会でこの〈三つの力〉を紹介したところ、年輩の主婦の方が、段取り力というのが大事だというのは納得できると言われた。その方は息子さんを育てるさいに、料理の手伝いをよくさせたそうだ。いっしょに料理を作る作業をしていくことで、料理を身につけさせるということだけではなく、今思うと、段取り力をつけさせようとしたのではないか。料理は段取りが命で、自分の描いたヴィジョンに向けて順序や方法を整えていかなければならない。料理を通じて段取り力を毎日鍛えていくことによって、現実の生活においても自立してやっていく力が身につくのではないかと漠然と思っていたような気がするとおっしゃった。成人した息子を見ていると、この料理を通じたトレーニングは、明らかに効果があったと自分には思える、というのである。

この女性は、たとえ段取り力というコンセプトは持たなかったにせよ、ただ料理することだけではなく、料理を通じて現実社会に必要な力をつけさせようと意識はしていた。こうして日々鍛えられることによって、段取り力は技《わざ》となって身についてくる。この料理と段取り力の話は、私には大いに納得できるところであった。というのは、学校教育や入学試験で問われるのは、こうした現実の労働において鍛えられる力ではなく、紙のうえの情報処理能力、あるいは記号操作能力でしかないからだ。それだけでは、現実をマネージメントする段取り力はつきにくい。これは、私自身が段取り力の足りなさを感じる要因でもある。

もちろん、いわゆる勉強の中にも段取り力を鍛えるものはある。しかし、料理やスポーツや芸事のような、実際にからだを使う技芸の場合は、よりはっきりと段取り力が鍛えられる。段取りなしに料理を始めてしまえば、まずいものしかできない。しかも、からだを使った技芸においては、技が暗黙のうちに行うことができるようになるまで、すなわち技化《わざか》するまで反復することが求められる。つまり、反復練習のプロセスを通じて、同時に段取り力もまた鍛えられていくのである。

落合博満のオレ流段取り力

段取り力についての経験を大学生にアンケートで聞いてみると、学校の教科のことはまず出てこない。ほとんどは部活や習い事、あるいはキャンプなどの行事の経験である。

現実に、段取り力が生活のさまざまな場面で育てられているのはたしかだ。しかし、その経験は、各領域ごとに個々バラバラなものとして散らばっている。段取り力というコンセプトで、自分のさまざまな経験を振りかえってみることによって、自分の中の経験が結びつけられて強固になる。〈三つの力〉すべてに共通して言えることだが、このコンセプトは、それまでの膨大な経験の意味を新たに掘りおこすことを大きなねらいとしている。この〈三つの力〉の獲得に向けて、新たなカリキュラムを組むということももちろんできる。しかし、すでにこの〈三つの力〉にかかわる経験を、みなが蓄えてきている。その経験の意味を、この〈三つの力〉という視点から捉えなおすことによって、この〈三つの力〉自体が伸びる。

スポーツや芸事では、試合や発表会がよくある。この本番のために練習を重ね、コンディションを調整していく。このときの練習メニューの作り方や調整法の工夫に、段取り力が求められる。コーチやトレーナーがこの段取り力を担当することも多いが、プレーする当人がこうした段取りを自分で組めるようになると、相当ハイレベルだということになる。長野オリンピックで五〇〇メートルのスピードスケートで金メダルをとった清水宏保は、自分で自分の練習メニューを組み立てている。大リーグの野茂英雄やイチローといった超一流選手は、それぞれ自分の練習方法や調整法を確立している。選手が自分をベストに持っていくための練習や調整法を独自に工夫することは当然のようだが、プロスポーツの世界でさえも、必ずしも当然とはされていない。

その典型的な例として、現在、野球解説者として活躍している落合博満がいる。彼は、三冠王を三度とっている大打者だ。しかし、その独自の調整法ゆえに多くの批判を現役時代にうけていた。調整ペースが遅すぎるので、開幕に間に合わないという批判がよくなされた。落合は、自分の調整の段取りを自分に合わせてしっかりと組むために、チーム全体のペースとはテンポがずれていたのである。落合の代名詞は、「オレ流」である。自分の独自な調整法を貫くというプロとして当然のやり方が、オレ流として目立つのはむしろ不思議なことだ。

練習メニューをどう組み立てるのか

かつて落合は、キャンプの紅白戦やオープン戦で、バッターボックスに立ってもまったくバットを振らずに、意図的に三振してくることがよくあり、物議をかもした。落合は、野放図のようなイメージをあたえるが、実に細かな工夫をする頭のいい選手である。この意図的な三振も、からだができていない時期に無理に打てばフォームを崩すだけだ、という認識から生まれたものだ。つまり、目を慣らす練習としてバッターボックスに入っていたのである。このように、一つ一つの練習に明確な意図を持って臨むのが、落合のやり方だったのだ。

キャンプに入って一ヶ月間、バットをまったく振らないこともあった。下半身ができあがるまでは絶対バットを振らないというのが落合の方針だ。落合博満の『なんと言われようとオレ流さ』(講談社)には、開幕に向けての調整の段取りが落合流青写真(タイムテーブル)としてのっている。落合は、まず大きく分けて、目での吸収(見ればよい)と頭での吸収(分析)とからだでの吸収(やってみる)の三つの次元に練習を分けている。通常は、からだを動かすことのみを練習だと考えがちだ。しかし、目で見たり分析したりすることも、落合にとっては重要だ。

落合は、シーズン開始までの約二ヶ月間を、この調整の三つの次元にしたがって、さらに大きく三つのブロックに分けている。第一ブロックは下地作りで、ランニングと体力強化がメインテーマとなる。第二ブロックは、頭のトレーニングの重点期間である。頭の中で理想のフォームを作り出し、自分のバッティングフォームの分析写真を使って、自分で自分を分析し修正する。そして、第三ブロックで実践を加える。落合は、この「ブロック別ワンテーマ重点主義」を基本としている。ほかの選手のように、いきなりキャンプの初日から全部をいっしょにやることはしない。

この、今は何をすべき時期なのかという問題意識が、落合の場合は徹底している。明確にブロック別にし、一つのテーマを徹底的に反復する。こうした明確なブロック化(段取り)は、「技」ということに対しての、落合の鮮明な意識から生まれている。

技を身につけるためには、一つのことを集中的に大量に反復練習することが必要である。あれもこれもある程度やるというやり方では、しっかりとした技は身につきにくい。あえて、一見不器用に思えるほどテーマをしぼり込んで反復練習することによって、技が定着するのである。したがって、落合の段取り力は、身につけるべき技への強い意識によって裏打ちされている。

落合は第三ブロックの実践においても、速いボールから始めないで、緩いボールを打つことから始める。その理由は、速いボールだと、ボールの勢いでごまかしのホームランが出る可能性があるからだ。緩いボールは、いい打ち方をしないと絶対に飛距離が出ない。だからフォーム固めをするには、緩いボールから始めるのがよいということだ。今は何を課題として何をすべき時期かということを意識化する、いわば「時期概念」が落合には技化されている。

イチローもシーズンを通してプレーするための段取り力に優れている。シアトル・マリナーズ入団初年度のキャンプでは、レフト方向にのみ打ちつづけたため、監督をはじめ、引っ張る力強さがないのではないかと実力を不安視する者が多く出た。しかし、シーズンが始まってからの活躍は、周知のことであろう。周囲の評価を気にせず、着実に自分の計画したメニュー通りに準備を進める確信が、成功につながったのだ。

労働が鍛えた子どもの段取り力

料理や商売の例で見たように、実際の生活における活動や仕事においては、段取り力は最重要の力である。しかし、学校の勉強では、それほど段取り力は重視されていない。とりわけ、人と人とがかかわる場をどのようにコーディネイトするのかといった課題は、これまでの学校教育ではあまり問われない力であった。学校秀才が実社会に出たときに通用しないということがよく言われるが、それは段取り力が鍛えられるべき力とされてこなかったことにも一因があるのではないだろうか。

学校教育だけに限らず、現代の生活では、子どもが労働をする場面はかつてに比べて激減している。数十年前までは、子どもは小学生であっても一家の労働力の一部であった。薪を割ったり、水を汲んだり、風呂をわかしたり、掃除をしたりといった仕事が、子どもにも割りあてられていた。こうした労働は、自然に子どもの段取り力を鍛えていた。たとえ段取り力というコンセプトを認識していなくとも、現実社会における対応力、生活力は確実に身につけられていた。

電化製品の普及によって、家庭内の仕事は減少し、子どもが労働を担うことは少なくなった。もちろん机上の勉強やテレビゲームにも、小さな意味の段取り力は必要とされる。手順が悪ければどちらもうまくいかない。しかし、労働が含んでいた、実際に自分のからだを動かすという要素や、他人とかかわりながら場を形成していくという要素は、これらには希薄だ。労働の機会が減るとともに、段取り力を鍛える機会が家庭内で減少していったと言える。

総合的な学習の中核として

生活の大きな変化によって、段取り力を鍛える機会は減少している。それだけに今度の教育改革で推進される総合的学習は、この段取り力を鍛えるよいチャンスだ。総合的な学習には、さまざまな調査作業や発表作業がかかわる。専門家に意見を聞きにいったり、図書館で調べたり、自分でレポートを作成したりする。あるいはからだを使って何かを作る作業も、総合的学習においてはメインの作業となる。こうした総合的な学習活動において気をつけなければならないのは、いったいなんの力をつけようとしているのかという意識が希薄になってしまうことだ。

〈三つの力〉は、総合的学習の共通の目標になりうるものだ。とりわけ段取り力は、通常の教科の学習以上に、総合的学習において鍛えられやすい性質のものである。段取り力は、活動の次元に対応する力だからである。自分の身体を動かして活動する学習形態は、これからの時代において重要なものとなる。いたずらに動けばよいというものではなく、しっかりとした仕事や作業の段取りを組むことが、アクティブな活動には不可欠である。「段取り力の向上」という目標を立てるだけでも、個々バラバラになりがちな総合的学習の内容を貫く軸ができる。

家庭の中でも、この段取り力はいつも必要とされる力である。生活の中で自然にこの段取り力を鍛えることができるのだ。料理や大工仕事を子どもといっしょにやるときにも、段取り力というコンセプトを持つことによって、その力が勉強やスポーツの上達に必要な段取り力とつながってくる。一見異なるさまざまな領域をまたぎ越すための思考の道具として、段取り力というコンセプトは使用範囲が広い。

数学の証明問題と職人仕事

段取り力の基本は、日常生活のさまざまな場面で鍛えられる。しかし、学校の勉強もまた、段取り力を鍛える機会にいくらでもなりうる。たとえば、段取り力を鍛える典型は、数学の証明問題だ。

「二等辺三角形から垂線を底辺に対して下ろすと、底辺は二等分されることを証明せよ」といった類《たぐい》の問題を、きちんとたくさんこなすことによって、段取り力を支える論理的な基礎が形成される。

証明問題を解くのがうまくなるにはコツがある。それは、解答に書かれている証明の順序と、実際の問題を解くための頭の働きのプロセスには、ズレがあることに気づくということだ。簡単に言えば、証明問題を解くのが上手な人は、解答に書かれている手順の逆を頭の中で行っている。解答は、まず仮定から始まり、これがこうだからこうなり、次はこうなるという段階を踏んでいく。これに対して、実際に問題を解いている頭の中のプロセスでは、まず結論から入り、これを証明するためにはこれがこうなっていればよくて、そのためにはここがこうなればうまくいくといったように、結論からさかのぼるようにして道をあれこれ探っている。そして、仮定からの道筋と結論からの道筋をさまざまな道で絡みあわせ、トンネルを両側から掘って出会ったときが、問題が解けたときだ。一度道がつながってしまえば、あとはいかにも仮定からすらすらと順序よく導き出されたかのように答案を仕上げていけばよい。

数学の証明問題は、何が仮定で何が結論であるかをつねに強く意識しながら、段階を飛ばさずに一つひとつの工程をしっかりと組み立てていく作業だが、これは、職人の仕事に似ている。よいものを作るために、逆算しながら工程を組んでいく。段取りを一つ飛ばしても、よいものはできない。そうした緻密さが、数学の証明問題や職人仕事にはある。

たとえば、碁盤作りの職人岡村虎吉氏によると、碁盤作りにはざっと三五以上の工程があるという。「碁盤は三百年、四百年と生きてきた木の歴史を買って、細工職人の腕が入って初めて盤に生命が宿るんです。原木の見立てから乾燥、そして細工までまるで子供を手塩にかけて育てるようなもので、当然、愛情が湧いてきます。売れてゆく時は、娘を嫁にやるような複雑な気持です」（清澤一人『東京の職人』淡交社、p.62）。とくに年期を要するのが、碁盤の盤面に漆《うるし》で目盛りをする工程だ。へらに漆をつけて、縦横三八本すべて同じ太さに仕上げなければならないので、少しでも狂えば盤を削ってやり直さなくてはならないという。まさに一つの段取りもゆるがせにできない、数年もの歳月をかけた真剣勝負である。

数学の厳しさは、職人仕事の厳しさに似ている。論理の工程を一つでも飛ばせば、意味をなさない。結論への見通しをつけ、そこへ向けてきちんと段取りを組んでいく訓練は、さまざまな仕事の基礎となるトレーニングだ。ただ証明問題を説明したり解かせるのではなく、段取り力をつける機会として明確に意識化して行うことが必要である。そうすることによって、職人仕事と数学の証明問題が結びつくように、算数や数学の論理構成がさまざまな仕事をするさいの基礎力として認識されやすくなる。

算数や数学を実用的でないとして軽んじる人がいるが、そのような考え方は浅薄である。証明問題などは日常生活に一見無関係なようであるが、段取りを論理的に考える訓練として、これほど優れたものはない。学校教育のカリキュラムや学問というものは、社会生活で必要とされるものを直接投影するだけでは得ることのできない、基礎的なトレーニングを含んでいる。数学の証明問題という一見社会生活と「断絶」したところに生まれる純粋な論理構成の作業は、複雑で曖昧な現実の生活では訓練できない明確なトレーニングとなる。こうした本格的な基礎力は、徹底的にトレーニングされるべきものである。現在、算数や数学全体が軽視される傾向にあるのは、目先に囚《とら》われた誤った方向性だと考える。

国語としての算数

肝心なことは、つねに段取りをきっちり組むという意識で算数や数学を行うことだ。たんに教科の一部として、そこだけに閉じられた世界の問題だと捉えてしまえば、算数や数学は応用が利かないものとなる。私は、算数や数学を応用の利くトレーニングの場とするためには、それらを国語の訓練として捉えなおしてみるのがよいのではないかと考えている。少々複雑な証明問題や文章題を、数式による解答を見せておいたうえで、言葉で的確に説明させるのである。実際にやってみると、解答をすでに見ていたとしても、そのプロセスを言葉で的確にミスなく言うのは意外に難しいことに気づく。どういう段取りで解いていくのかを口で説明する訓練を続けていると、論理的に話す訓練になる。日常におこる出来事は、必ずしも論理的なことばかりではない。それを論理的に説明する訓練をする前に、すでにきっちりと論理が組まれている数学の問題を日本語で論理的に説明するほうが、訓練の順序としては先になるべきである。

はじめのうちは論理を一つ飛ばしたり、口ごもったりするかもしれないが、同じ問題を何度も説明させていると、だんだん慣れてくる。そしてすらすらと論理を説明できるようになったときには、問題の解き方がかなり身についていると考えてよい。このときに、具体的な数値をできるだけ用いないで説明するようにすると、その時点で解法が普遍化される。このトレーニングを終えて数式にもう一度戻る。すると、式と式の関連がよくわかるようになっている。つまり、式が展開していく空白部分を、言葉で論理的に関係づけたわけだ。

問題を解く場合に、最後までの見通しがないままとりかかってしまう子どもは多い。最終的にどこにたどり着きたいのかを明確に意識しながら、そのためには何が必要かを段取っていく。こうした段取りの意識の訓練は、スポーツをするにせよ仕事をするにせよ、普遍的な力になる。もちろん計算力は大事なもので訓練すべきだ。しかし、それと同時に、式の意味を相互に関係づけながら論理的に説明できる能力は、より重要なものだ。

この訓練は、自分では解法を思いつくことができない問題でやるほうが、よりおもしろいトレーニングになる。複雑だがきっちりと論理が組まれている解答を言葉で説明できるようになることは、一種の快感である。そうした論理的な説明をできるようになれば、それは国語力の大きな向上でもある。完全に説明ができるようになって、改めて数式を見てみると、数式というものがいかに無駄が少なく合理的なものであるかが、実感としてわかる。言葉で説明すればくどくなるものを、すっきりと書きあらわしていることに驚き、数学の美的な価値を見出すことにもつながる。数学ぎらいが増えていく傾向の中で、このいわば「国語としての算数」というトレーニング法は、大きな意義を持つと考える。そして、これは段取り力を鍛える教育方法なのである。具体的にどうするのかについて、私の行っている実践例を第七章で紹介する。

「メモ力」の大切さ

大学で授業をしていて驚くのは、大学生にメモをする習慣がほとんどないということだ。黒板に板書されたものをノートに写す訓練は、小学校以来できている。しかし、人の話を要点をつかんでメモするという習慣は、大学入学時点でほとんどできていない。これは、学校教育における一種の盲点である。小学校から高校までの先生は、きれいに板書をし、生徒にそれを時間をとって写させる。しかし、これはただひき写すだけなので、話のように次々に消えていってしまうものから要点をつかみ出すという訓練にはほど遠い。大学の授業で、ノートをとりなさいと言われれば、さすがにノートをとる。しかし、いったんそのような文脈を離れてしまうと、メモをとる学生は少ない。社会人であっても、メモする習慣を持っている人は少ない。同じことを何度も確認してくる人がいる。メモする習慣は、小学校のときから行うべき基本的な訓練である。

実は、段取り力を鍛えることは、この「メモ力」と相乗的な関係にある。現実というのは、意味があまりにも多義的で曖昧模糊としている。その流れていく曖昧な現実の中から、段取りを見抜いてメモするという訓練は非常に重要だ。つまり、流れていくものを自分でブロックに区切るのである。たとえば、段落のない一つの非常に長い文章を、いくつかの段落に分ける訓練とこれは似ている。どこで質的な変化がおこったのかを見抜き、そこでブロックに分けるのである。流れていく現実を質的な違いによって区切る力は、練習によって向上させやすいものだ。

私は大学の授業では、これを頻繁に練習させている。やり方は簡単だ。ドキュメンタリーなどのビデオを数十分間見せて、そこに含まれている展開や段取りをメモさせるのである。その例を、授業デザイン用シートとして二一三ページにあげておいた。参考にしてほしい。

段取り力とまねる盗む力

ビデオから段取りをつかみとってメモするという練習は、すでに〈まねる盗む力〉を伸ばす練習にもなっている。ここで提唱しようとしているまねる盗む力は、たんなる模倣力ではない。なんとなくまねをしてしまっているということではなく、しっかりと技を意識的に盗むということを目標にしている。意識化できているかどうかをもっともはっきりさせることができるのは、このメモをとる作業である。ある現場（ビデオでもよい）を見せて、そこからどのような技を見抜いたかを箇条書きにメモさせてみる。すると、技を盗む眼力に力の差があることがはっきりする。

ＮＨＫでかつて放映された、竹から弓を作る職人仕事の番組がある。これは竹探しから始まり、さまざまな工程を追って最終的に弓を仕上げるまでを、あまり余計な言語的説明をしないで映像中心に記録したものだ。言葉で説明しきれていないところを映像から盗まなければ、必要な工程が抜け落ちてしまう。そのメモを見た人が、一通りその作業ができるかどうか（実際にできなくても、その段取りが理解できるかどうか）を一つの基準とする。メモを見ただけで、現場を知らない人が一通りのまねができれば、そのメモは成功していると言える。

マニュアルという言葉は評判が悪い。何も考えずに、機械的に人を動くようにさせている元凶のように捉えられている。しかし、マニュアルを作る作業は、必ずしもレベルの低い作業ではない。むしろ雑多な現実の中から有効なものをうまく厳選し、組み立てていく作業は、非常に高度な認識力を必要とする。

マニュアルに動かされる人間ではなく、自分でマニュアルを現実から作っていける人間を育てることが重要だ。そうしたマニュアル作りの力は、逆上がりや跳び箱のように明確に鍛えることのできる技術である。その作業を実際に行ってみると、現実にある多くのマニュアルの質を見分けることができるようになる。マニュアル一般をけぎらいするのではなく、マニュアルの質的な価値を判断できるようにし、自分でそのマニュアルをアレンジする力をつけることが肝要だ。

第四章　〈三つの力〉③——まねる盗む力

I　技を盗む意識の技化

生きる力の基本

まねる力は、生きる力の基本だ。狼少女として有名なアマラとカマラが、狼の中で生きながらえたのは、狼の生活様式をまねる力があったお陰である。アマラとカマラは発見された当時、狼のように四つんばいでうなり声をあげていた。物の食べ方も人間というよりは狼のようであったという。こうした狼少女の様子には人間らしさがまったく感じられないと指摘する人もいるだろうが、私は人間と狼という種の違いを乗り越えて、相手の生活様式をまねして身につけることができた学習能力に、むしろ人間の能力の器の大きさを感じる。さまざまな異文化社会で生き抜く力が最近よく強調されているが、狼の社会でさえも、時に人間は生き抜くことができるのである。そして、その生きる力を支えているのが、まねる力である。

この場合のまねる力は、明晰《めいせき》な反省的思考によって捉えなおされたものではもちろんない。むしろ、身体と身体のあいだの想像力、すなわち間身体的想像力とでもいうべき力であろう。アニメの『クレヨンしんちゃん』を見た子どもがしんちゃんの独特な口調をまねしてしまうので、番組を見せないようにした親もいたようだ。大人でも、広島弁が飛びかう映画『仁義なき戦い』を見終わったときには、すっかり「わしは……じゃけん」といったしゃべり方が移ってしまっている。そうした無意識のうちに身体から身体へと移ってしまうという現象は、人間の適応力の基本となるものだ。

コンドンという研究者によれば、私たちは会話の最中に、相手の発話に応じて微妙に身体を動かしているという。とりわけコンドンが注目したのは、相手が発話するほんの百分の数秒前に、聞く側の人間の身体がかすかに動いて先に反応しているという現象であった。これは、人間のレスポンス（応対・対応）能力の高さを示す現象だ。レスポンスは、相手からの働きかけが終わったところから始まるというよりは、それと同時に、あるいはその直前から始まっているのである。こうしたレスポンスの構えは、身体の生き生きとした働きを抜きにしては考えられない。こうした生きて働く身体の力が阻害されたときに、私たちは気が通いあわないという拒絶感を味わうことになる。

他者の身体の動きが自分の身体の動きに移ってくるという間身体的な力は、人間として、あるいは生物としての基礎的な力である。これは、誕生以降（あるいは胎児のとき以降）の莫大なやりとりによって培われる力である。保育器の中で他者とかかわることなく長期間放置された子どもは、通常の子どもよりもレスポンス能力の弱いことが報告されている。レスポンスすることも、多くの反復

まねる力〜『寄席芸人伝』古谷三敏（小学館）

落語の世界には、今では珍しい徒弟制が残っている。師匠と弟子の関係は、学校の教師生徒関係とは違って厳しい。師匠は手とり足とり教えない。弟子は師匠のまねから入る。書かれた文章を見て覚えるのではなく、一対一で生身の身体から身体へ、言葉のリズムを移していくのが伝承のスタイルだ。これは、能の謡と同じだ。笑いの命である言葉の間を身につけるためにも、身体を同調させるまねる力が求められ鍛えられる。

盗む力〜『おれは鉄兵』©ちばてつや（小学館）

野性児上杉鉄兵は、実践の中で人の技を盗む名人だ。ここにあげた宿敵菊地との決戦の場面でも、菊地の得意技の風車を試行錯誤しながら使いこなしてしまう。学校に行かずに自然の中で育ってきたので、教えられたことを覚えるのは苦手だが、自分でポイントをつかんで技を工夫するのが得意だ。正式な剣道の教育を受けていない鉄兵が、生き残るためにフル活用しているのが、〈技を盗む力〉だ。

練習によって強化される技だと見ることができる。

日本の教育が見失ったもの

まねる盗む力を〈三つの力〉の一つにしたのは、まずこれが三つのうちでもっとも基本的な力であると同時に、日本の教育が見失った代表的なものだからだ。かつての徒弟制度では、技は言葉で教えられるというよりは、実際に見てからだで覚えて盗むものであった。「見習い」期間は、文字どおり見て習う期間であり、「見取り稽古」という言葉もある。「からだで仕事を覚える」という表現は、言葉で説明されるのではなく、見よう見まねで試行錯誤しながら自分の技を身につけていくという意味だ。

「からだで仕事を覚える」というのは、かつて職人の仕事の上達法としては当然のことであった。『江戸の職人～伝統の技に生きる』（中江克己、泰流社）に、江戸組紐《くみひも》の職人の深井さんの次のような言葉がのっている。

「職人というのは、体で仕事をおぼえるんです。だから私なんか、なぜそうなるのかって聞かれても、まるっきり話せませんよ。今のようにまず理屈があって、こうしてこうすれば、こうなるっていう筋道がない。失敗してゲンコツを食らって、痛い思いをしたぶんだけおぼえていくんですね。だからたいへんな修業ですよ。いまの若い人たちから見れば、不思議に思うでしょうけどね。でもね、体でおぼえるから理論じゃわからない、説明できない部分が先に身につくんです。それが呼吸というか、コツというか、職人の腕ですよ」。(p.82)

こうしたことは、伝統的な職人芸においては、共通して語られるが、現代社会の産業構造からすれば、必ずしも万能というわけではないであろう。しかし、情報が氾濫《はんらん》する一方で、仕事を見て積極的に自分で技を盗むという構えが希薄になっているという意見をさまざまなところで耳にするようになっているのも事実だ。これは一つの明確な危機である。教えられすぎることによって、自分から盗むという学習の基本的な構えが、甘やかされてだめにされているのである。

言葉では教えてもらえない。そうであれば、見て盗むほかはない。そうした状況に追い込まれれば、自然と技を盗む力が身についてくる。技を盗むつもりで見ていると、言葉では説明しきれない部分にまで認識力が働くようになる。これを、「見ていれば自然に覚える」と表現する人もいるだろうが、私は、そのような技術はなんとなくではなく、認識されてこそはじめて身につけられると考える。見すごしているものは身にはつかない。言語化しないまでも気がついているからこそ、それができるようになる。なんとなくできているという程度のことは、あえて技術や技とよぶまでもないことだとも言える。

見て技を盗む力は、日本に限らず世界中の職人文化に見られる普遍的な力である。ドイツにもマイスター制度とよばれる有名な徒弟制度が伝統的にあり、現在も存続している。未開社会と言われる社会に見られる技術においても、伝承はこのようなまねる盗む力を基盤にして行われている。

まねる盗む力は、このように普遍的な力だが、日本ではとりわけ「職人気質《かたぎ》」とよばれるものが、社会的に大きな位置を占めていた。仕事をする心構えや生の美意識として、職人気質が肯定的に捉えられてきた。幸田露伴の『五重塔』（岩波文庫）は、職人気質を描いた作品だ。技に対する自負や仕事に対する誇りといった職人気質が、「木匠《こだくみ》の道は小《しよう》なるにせよそれに一心の誠を委《ゆだ》ね生命《いのち》を懸けて、慾も大概《あらまし》は忘れ卑劣《きたな》き念《おもい》も起さず、唯只鑿《ただただのみ》をもつては能く穿《ほ》らんことを思ひ、鉋《かんな》を持つては好く削らんことを思ふ心の尊《たつと》さは金にも銀にも比《たぐ》へ難き」（p.28）というように克明に描かれている。

職人が築いた近代日本

明治以降の産業革命への対応や戦後の産業復興においては、伝統的な職人芸そのものが産業の内容ではなかったにせよ、その急速な産業発展の裏には、こうした職人気質の社会的な浸透があったと思われる。高度経済成長期を支えた建設関係の方が、今でも「自分は技術屋ですから」という言い方をしたり、「自分は職人です」という言い方をすることがよくある。現代の先端的な科学技術を駆使する仕事においても、職人気質が意識されているのである。それが生のスタイルの一つの拠《よ》りどころとなっている。技に対する情熱と誇りが、こうした職人気質を基盤にしてうけつがれてきたのである。そして、それが日本の発展の基礎力になっていたと私は考える。

日本が成功してきた最大の要因とも思えるこの職人的な技を盗む力を、古いものだと見なして忘れ去ってしまうとすれば、それは莫大な国家的損失となるであろう。戦後五〇年以上の教育においては、まねる盗む力は教育の中心的な課題とはされてこなかった。そのツケが回ってきているのではないだろうか。徒弟制度にはマイナス面も多い。そのことと技をまねる盗む力とをいっしょくたにして捨て去ってしまうのは、あまりにも大雑把《おおざっぱ》で浅薄な考え方だ。徒弟制度を復活させなくとも、まねる盗む力を鍛えることは十分にできる。学校教育内でもそれを中心課題として呈示すれば、鍛える方法はいくらでもある。これまで、この力を明確にコンセプトとして捉えてこなかっただけのことだ。経済が不況になればなるほど自信を失い、これまでの成功の要因を忘れ去ってしまいやすくなる。そうなってしまえば、競争力はいよいよ落ちてしまう。まねる盗む力は、日本の成長の実質的な基盤となった力をコンセプトとしたものである。

型の効用

私の見るところ、日本人は相当な「上達好き」であった。芸道の段や級の詳細な階梯《かいてい》は、その上達好き社会を雄弁に物語る。ついつい上の級や段を目指して、努力してしまうのが一般的であった。外国からきたコーチや講師が一様に指摘するのは、日本人の向学心やまじめさであった。であったと過去形で書くのは、最近は以前に比べれば、際立った上達好き社会とは必ずしも言えないからである。たとえ外部から評価はされなくとも、自分で自然に工夫をしてしまうという空気は、以前よりは薄らいだように思われる。

この傾向は、型の衰退とも関係が深い。日本は、かつて型の社会であったと言われる。何事につけても、型が重要視されてきた。現在から見れば、型は不合理で抑圧的なものと映るかもしれない。しかし、要約力のところで述べたように、元来、型はもっとも合理的な機能を凝縮したものであり、同時に反復練習を前提に作られているものだ。したがって、強い向上心がなければ、型を技として身につけることは難しい。手軽にできるようになることばかりを望むのであれば、型の文化は自然と衰退する。しかし、身につけるまでは苦労は多くとも、ひとたび身につけてしまえば無類の効果を発揮するのが型というものである。そうでなければ、その型は型として不出来だということだ。優れた型は、一生ものである。その型の技化に費やした反復練習の時間が、何十倍にもなって生涯に益をもたらすのである。これは、技と言えるだけのものを身につけたことのある人ならば、誰でも経験のあることであろう。

型は、達人が吟味して作り上げたものである。したがって、それを反復練習することは、達人の技の本質をまね、盗むことになる。はじめは型の意味がわからなくとも、型が身についてくるプロセスにおいて、その型に込められた意味が徐々に認識されてくる。型の習得の過程は、まねることから入って、盗む認識力が育っていくプロセスということができる。しかも、型とよばれるものは、身体の活動をともなうものであるので、できないということが外部から見ても明確である。わかっているということとできるということは、まったく違うことだ。型の場合は、できなければ意味をなさない。このクリアさが、身体がかかわる活動のよさでもある。

もちろん型は、日本固有のものではない。欧米社会にも型は当然ある。しかし、日本が型の社会だと言われてきたのは、社会の隅々にまで型の意識が広がっていたからである。型にあたる現象があるということと、「型」というコンセプトが社会において最重要のものとして位置づけられていることは、まったく意味が異なることだ。型というコンセプトを持つことによって、さまざまに異なる領域間の活動が、横断的に結びつけられることになる。このコンセプトがさまざまな経験を結びつける効用には、はかりしれないものがある。

システムとしての「型」と暗黙知としての身体

型は、そもそもが教育的な概念である。技術の伝承を目的として作られたのが型だ。したがって、日本が型の社会であったということは、日本が高度の教育社会であったことを意味する。型は、たしかに親切な言語による教育ではないが、より本格的な教育システムである。型は、外形的なかたちのことではなく、行動のプログラミングを含んでいる。したがって、習得すべきものをシステムとして捉える視点が、そもそも型にはある。全体を把握し、そのうえで上達のプロセスを見渡すことができるのが、型の効用である。やさしい型から順次、難しい型へと階段を上っていく。こうした上達のヴィジョンを、型はあたえてくれる。型は、闇雲な教育というよりは、逆にシステム全体に対する視野をもたらすものである。

しかも型は、言葉では表現しつくすことの難しい身体の次元での伝承を可能にする。身体の次元は、暗黙知の次元と言い換えることもできる。暗黙のうちにわかっていることは、多くの豊かな意味を内蔵している。それをすべて言語化できないほど、暗黙知の次元は豊かである。私たちが自然に行っているさまざまな活動の根底には暗黙知がある。技の世界においても、自分が完全に意識化しないところでの工夫が重要な役割を担っていることが多い。現在のスポーツ科学や科学技術の分析や認識研究では、この暗黙知の重要性がいよいよ注目されてきている。

「型を通しての伝承」は、暗黙知の次元をいったん明確な身体の型として結晶化させたうえで、身体の反復練習を通じて、さらに、それをまた別の身体の暗黙知の次元へと流し込むという高度なシステムだ。活動そのものをまねするということはどこにでもある。しかし、活動そのものではなく、相撲における四股《しこ》や鉄砲のように、活動を支える本質を一つの型に凝縮させるのは、高度な文化である。一つの身体が持つ暗黙知を、別の身体が持つ暗黙知へと伝承させていくためには、たんなる模倣では高度な内容は伝わらない。そのために型が考案され、錬磨されてきたのである。

型に凝縮された暗黙知を、自分の身体の反復練習を通じて自分の身体に蓄積していく。こうした明確なイメージを持って型の練習を行うとすれば、同じ反復練習をしたとしても雲泥の差が出ることになる。型の意義は、型の持つ威力を明確に認識するか否かで決まってくるのである。そうした意識の持ち方を抜きにして、型を賛美したり否定したりすることは生産的ではない。

なるほど、「型にはまる」という言葉は、否定的な意味で使われることが多い。融通が利かない、あるいは時代の変化に即応していないなどといったニュアンスである。しかし型は本来は、応用のための基本である。その基本の型をしっかりと身につけていることによって、現実のさまざまな状況のヴァリエーションに当意即妙に対応することができるようになることが、型のねらいである。したがって、いざというときに融通が利かないというのは、型の本来の姿ではない。実体的なかたちを模倣するだけでは、型を身につけているとは言いがたい。

自分を測る

型を自分の技として身につけた場合には、自分なりのアレンジが大幅に可能になる。型が身につくという段階で、自分の身体の特性に合わせて若干のアレンジが加えられているのが、むしろ普通だ。同じ型を二人が習得したとしても、まったく同じ動きになるということは必ずしもない。各人の身体に蓄積している特性や習慣が、型をとりいれていくにさいして微妙なアレンジを加えるからである。自分の身体に根づいたものでなければ、本当に役に立つ技とはならない。

凝り固まって「融通の利かない」動きに陥らないためには、まねる盗む力が必要になるのである。技を盗む意識を持たずに、言われた型だけをなぞるようにまねしていると、表面のかたちだけを模倣することにしかならない。型の最大の機能は、自己との対話である。型という基準を自己の内部に持つことによって、そのいわば定点とのズレを通して、現在の自分を測ることができる。求める自分と現状の自分とのズレが、対話のエネルギーになる。こうした自己との対話の意識は、技を型から盗むという意識に支えられている。技への鮮明な意識を持たずに、かたちを模倣しているだけでは、自分流のアレンジを後から加えることはできない。「型（技）を自分のものにする」ためには、技を盗む鮮明な意識が必要なのである。

まねる盗む力を磨いていると、上手な人からヒントを多く得ることができる。型が現実に対応しきれなくなった場合でも、模範となるトップランナーの技の本質を見抜いて、自分が身につけてきた技にアレンジを加えていくことができやすい。型自体が時代遅れになっていく可能性は、否定できない。そうした場合に、状況に合わせてアレンジを加えていくためにも、上手な人の技を盗む力が必要である。スポーツの世界をはじめとして、超一流選手のプレースタイルが、時代の新しい局面を切り開く。そのトップランナーの動きの基本を凝縮したものが、新たな型となっていく。技を盗む力は、新たな型を生み出す基盤でもある。

2 マインド・コントロールの技術を見抜く力

自己啓発セミナーの罠

私が、現実から段取りや技を見抜くことの意義を強調するのにはわけがある。一九八〇年代から九〇年代にかけて、自己啓発セミナーの類《たぐい》が大流行した時期があった。こうしたセミナーはまったく無意味だというわけではなく、気分を変えたり、自分の生き方への気づきを得るという効果ももちろん持っている。しかし、私が気になったのは、こうしたセミナーのリピーターになる人が多いということだ。それも、ただのリピーターではなく、ボランティアという名前での無償奉仕になってしまっている。離婚したり、仕事を辞めたりしてまで、そうした「ボランティア」に全精力を注ぐ人も少なくない。

こうした現実を見るにつけ私は、セミナーの受講者であり続ける人とセミナーを主催する側の人との違いを考えるようになった。この違いは、自分がうけているセミナーの段取りや技を盗んでメモできるかどうかにかかっているように思われたのだ。つまり、雰囲気に流されたままであれこれのゲームに参加しているだけだと、楽しい印象しか残らず、自分でセミナーをやってみるように言われても何もできない。丸一日のセミナーを終えた人に、どういうセミナーだったか具体的に説明してくれと言っても、主観的な印象を語るだけで、具体的な段取りすら説明できない人が多い。このような人が、リピーター予備軍となる。

しかし、一日のセミナーが終わった後、そこで行われたレッスンやゲームの段取りを、家に帰って思い出して克明にメモしてみる。すると、そうしたものが実に巧みに作られていることに気づくと同時に、およその底が透けて見えてくる。上手な雰囲気や音楽の効果で情動が動かされていた部分がそぎ落とされ、端的にゲームのマニュアルだけが残ってみると、ああこんなものかと落ち着いて振りかえることができるようになる。単純なゲームにことさら重い人生論的意味をつけて、いかにも重大なゲームのように見せかけるトレーナーの手口が透けて見えてくる。ゲームはゲームでしかないということに気づかなければ、手口にはまり込み、抜け出しにくくなる。

もちろん冷めて参加していたのでは、セミナーの価値はわからない。参加しているときには、ある程度の熱気を持って積極的に参加してもよい。そのうえで、記憶が消えないうちにマニュアル作りをしてみるのだ。この、いわば熱い構えと冷たい構えを使い分けることは十分可能だ。そしてこの二つの構えを使い分けることができること自体が、現実において非常に重要な能力である。熱くなるばかりで熱に浮かされたように朦朧《もうろう》としていると、そのセミナーに参加すること自体が重要な事柄に思えてきて、セミナーの手伝いをすることが仕事や家庭生活以上の人生の最重要事になってしまう。これでは本末転倒だ。実人生を生かすためにあるセミナーのために、実人生の構造を自ら破壊するというのでは意味がない。カウンセリングをうけているうちに、すぐにカウンセラーになりたくなってしまう心理と、これは似ている。

風景の重ね合わせの技法

自分が参加している場において、主催者側の立場に立ってマニュアル作りをしてみると、視野を大きく広げることになる。微妙なライブ的な振る舞いはできなくとも、マニュアルにしたがって場を仕切っていく程度のことはできると実感することによって、自信が生まれ、のみ込まれにくくなる。マニュアル作りを自分でしたからといって、必ずしもそのセミナーの質を否定的に評価するとは限らない。むしろ、その意図が明確にわかってくることもある。質の高いものに対しては、「よくここまで考え、工夫を凝らしたものだ」という、いっそうの感慨がわくこともある。

さらに、「自分が今それを主催してみろと言われたら」という問いをつねに自分に対して突きつけるのは、よいトレーニングになる。学校教育の授業は、受け身になりがちだ。自分がもし教壇に立ったとすれば、どのように話をするのかということを意識させるだけでも、聞く構えはアクティブになる。技を盗む構えがなければ、とうてい主催する側にまわることはできない。自分が受け身側の一員であるのを脱して、全体をマネージメントする立場に半分身をおく訓練が、非常に重要な社会的訓練となる。

これを私は「風景の重ね合わせの技法」とよんでいる。生徒の側から見える風景と教師(主催者)側から見える風景とを重ね合わせるということだ。もちろん受け身側にいるときは、教師から見える風景は想像上のものである。練習段階としては、実際に教壇に順次立たせて若干の話をさせてみるとよい。すると、教壇から見える風景がどのようなものかがおよそわかる。そして、受講しているときにも、つねに主催している側の全体的な視野で周りを見渡す訓練をする。こうした風景の重ね合わせの技術を意識的にトレーニングしていると、「では代わりにやってみてくれ」と言われたときに、そこそこできるようになる。実際に私は、大学生に自分の授業を代わりに運営させてみることがあるが、しっかりと段取りや技を盗んでいない学生は、混乱してしまうだけだ。現実の授業をときおりストップさせて、そこまでの段取りや技で何を盗んだのかを言ってもらう作業を組み込んでいくのも、こうした二つの意識を共存させていくためには効果的なトレーニングだ。

五〇分間教師が話しつづけていれば、いちばん勉強になるのは教師自身である。授業を構成し、板書を考え、自分で板書をしながら自分で話す。これは最良の学習法だ。教師が最良の学習法を毎日のように反復しているのに対して、板書を書き写すだけでは生徒の学習効果は薄い。誰がいちばん効果的な学習をしているかという観点で場を見れば、それは教師がやっていることとできるだけ近いことを頭の中でやっている人間だということになる。教える側に立つことがいちばん勉強になるというのは、大人なら誰しも経験のあることではないだろうか。これを技法化したのが、風景を重ね合わせる技術である。そのための具体的な練習が、ビデオから段取りや技を意識的につかみとる練習だ。

マインド・コントロールの基本を見抜く

オウム真理教の事件をきっかけとして、マインド・コントロールという言葉が一般に浸透した。オウム真理教以前にも危険な宗教団体が、強力なマインド・コントロールの手法を用いていた。マインド・コントロール関係の研究によれば、マインド・コントロールは、マインド・コントロールをするプロが行うものなので、一度その相手のペースにはまるとなかなか抜け出すことができないという。それにはまらないもっともよい手は、とにかく初期の段階からかかわらないようにするという「君子危うきに近寄らず」しかないと言う。

マインド・コントロールにはまりがちな人は、なんらかの深刻な不安を抱えていたり、まじめすぎるほどの理想を持っている人たちである。そうした不安やまじめさをうまく利用するように、マインド・コントロールの仕組みはできている。したがって、マインド・コントロールの罠にかかってしまう人の割合は、必ずしも低いとは言えない。

私が大学で「マインド・コントロールと教育はどう違うのか」という質問をすると、少数ではあるが「教育はしょせんマインド・コントロールだ」という答えが返ってくる。これは、よい教育に出会った経験が少ないために出てくるかわいそうな解答だ。しかし一方で、マインド・コントロールの本質をあまり理解していないがゆえの答えでもある。教育とマインド・コントロールはまったく違うものだ。マインド・コントロールはアイデンティティを剝奪《はくだつ》し、教育はアイデンティティを豊かにする。マインド・コントロールは情報を遮断し、狭い世界の価値観を押しつけるが、教育は新たな世界を開き、多様な価値観に出会わせる。マインド・コントロールは、ただたんに一方向に強制するということではなく、人格をとり替えるという強力な手法だ。それまでのアイデンティティをすべて否定されれば、誰でも不安の極致にいたる。そうした状況で一つでも役割をあたえられれば、それに自分自身のすべてを移し替えるようになりやすい。

マインド・コントロールの罠《わな》にはまらないための最良の方法だと私が考えるのは、マインド・コントロールの基本を見抜く練習をあらかじめしておくことだ。マインド・コントロールは、誰がやるにしても、かなりの共通点がある。ある意味で完成されたシステムだ。逆に言えば、内容の詰まったマインド・コントロールを一つでもケース・スタディとして分析しておけば、マインド・コントロールの基本的な技術は一とおり見通せることになる。

『フルメタル・ジャケット』の人格改造

私がときおりテキストに用いるのは、『二〇〇一年宇宙への旅』の監督として有名なスタンリー・キューブリックによる『フルメタル・ジャケット』という映画である。この映画の前半は、ベトナムへ向かう海兵隊の訓練の場面であり、後半はベトナムに行ってからの戦闘場面である。授業で使うのは、前半の訓練の場面だ。ここには、アメリカの普通の青年を平気で殺人ができるマシンへと人格改造していく様子が、詳しく描かれている。もちろん、軍隊の教育一般をマインド・コントロールだとすることはできない。オウム真理教事件の場合とは社会的意味が異なるからだ。しかし、この映画での描き方は、殺人マシンへと人格改造させていく技術を分析するテキストとして格好のものである。

映画はまず、青年たちが次々に丸刈りにされていくところから始まる。いろんな髪型の自由な雰囲気の青年たちが、一様な丸坊主頭になっていく。そして軍隊では、徹底的に行動が管理される。時間が細かく区切られ、その時間ごとにやる行動も限定される。外部からの情報は遮断され、その軍隊内の価値観が浸透する仕組みになっている。少しでもミスをすれば罵倒《ばとう》される。その罵倒のされ方は、おもにそれまでのアイデンティティを否定するものとセクシュアルな辱めの二つだ。

ミスをすれば、たとえば親や民族あるいは所属していた団体が否定される。個人のアイデンティティティは、通常は一枚岩ではなくさまざまな文脈に支えられている。軍隊では、そのすべてを断ち切って丸裸にしていく。アイデンティティの多様な糸を断ち切られ、丸裸にされた個人はもろい。そして、もろくなった個人は、その軍隊という場での価値基準による序列をうけいれやすくなる。

さらに、肉体的な欠陥を笑われ、セクシュアルな侮蔑《ぶべつ》の言葉を投げつけられる。性的に興奮するような言葉をあえて吐かせながら、徹底的な禁欲に追い込む。刺激されて性欲が高まっているにもかかわらず、やり場のなくなったエネルギーは、攻撃性へと向かう。その攻撃性を殺人のエネルギーに変えていくのである。

この映画での教官役の人間は、実際に海兵隊の教官だったらしく、非常な迫力がある。映画としての出来はともかくとして、この映画からマインド・コントロールの技術を抜き出して箇条書きにする作業を行ってみると、細かく見ていけば数十個の項目があげられる。大学生に具体的に項目をあげてディスカッションをしてもらったうえで、クラスでまとめさせてみると、それほど教師がフォローしなくても、基本的なマインド・コントロールの技術が列挙されることになる。次のページにのせたのが、大学生があげた項目をまとめたものである。この表を見ながら映画を観てほしい。

技術を見抜いて具体的に箇条書きに列挙する。この課題をあらかじめ意識したうえで映画を観ると、技術が透けて見えやすくなる。なんとなく雰囲気で見すごしてしまいがちなものを明確に捉える目が、自然に養われる。一度このディスカッションを行っておくと、似たような手法で個人を不安にさせたうえでつけ込んでくる手法に対して、そうした技術を見透かす力がついてくる。基本的スタンリー・キューブリック監督『フルメタル・ジャケット』

1　**これまでのアイデンティティの剝奪**（侮辱しつづけ、自分が何者でもないように感じさせる）
丸刈り（画一的、罪人を連想させる、生命力の剝奪）
制服（一体感を形成させるものでもある）
親、兄弟、民族、出身地、主義、宗教を侮辱し、否定する
持ち物を制限する
本名でよばない

2　**特定の役割の強制**
途中段階としてのあだ名（屈辱をあたえる目的もある）
所属集団の賛美、その部品であることに誇りを持たせる
一元化した選択の自由のない目的に奉仕する部品としての役割
その集団の一員として以外の役割を持つ可能性を排除する
訓練終了後に一員としての誇りを持たせる

3　**外部世界との断絶した閉鎖的空間**
フェンスの内部に閉じ込め、外出を禁止する
テレビ・ラジオ・新聞などがなく、外部情報から遮断される
外部では通用しない独自の諸習慣（言葉づかい、身振りなど）

4　**一元的価値観の反復強制**
すべてが繰り返しや反復を基本とし、機械化をはかる
集団内部の選択された価値観だけがあたえられる（たとえば、殺人者の技量の賛美）
決まり文句の暗唱、祈りの反復
話し方に抑揚をつけず、頭に妙に残るようにさせる
疲労させておく、怒鳴るなどしてつねに緊張状態におく

5　**相互の孤立化**（横の連帯を阻害し、縦の絶対的服従関係を安定させる）
プライベートに話す時間をあたえない
ベッドでも互い違いに寝させる
比較し、差別化し、競争意識をあおる

6　**個としての尊厳を奪う**

一人になる時間（プライベート・タイム）、ゆとりをあたえない

分・秒単位の時間管理＝考える暇をあたえない

すべての行動を細則によって規制し、独自の行動をとる余地をあたえない

トイレに仕切りをおかない（排泄まで晒《さら》しあうことで、個としての誇りを失わせると同時に、一体感を増幅させる）

恥の感覚を捨てさせ、殺人者の感覚に近づける

走っているあいだも歌をうたわせ、余計なことを考えさせない

7　**連帯なき同一化としての一体感を形成する**

独特な卑わいな歌・言語の共有

歌のリズムを共有させ、高揚した気分を分かちあわせる

号令のもとに一斉行動、リズムの統一

連帯なき同一化を身体化させる（一列に整列）

8　**規律訓練の効率化**

スケープゴートを作り、見せしめにし、他を従わせる

その被差別者を、優秀なものに管理させ、相互監視させる

反発する批判力のある人間をアシスタントとしてとり込む

連帯責任制

同条件下におく（たとえば、同じベッド）

一人一人の適性を見抜く（多様さを利用）

強制的管理内容を自己管理させる

9　**暴力を背景にした絶対服従関係が「自発的服従」になるように習慣化**

口答えを許さない、イエッサーしか言わせない

生死にかんする事柄も上官に、自発的に委託させる

答えの決まった問いを発する

どう答えても間違いとなる問いを発して、ダブルバインド状況に追い込み、分裂させる

大声・怒りの表情・大げさな身振り・硬直化した姿勢で威嚇する

殴るなどの体罰の日常化

自分に体罰をあたえさせる、誓いを立てさせるなど自発的服従を

習慣化させる
どうでもいい些細なことを統制する

10　**エネルギーのコントロール**（性的欲求の暴力衝動への変換が代表的）
基本的欲求を制限し、フラストレーションをためさせる（セックス、食事など）
自分の銃に女名前をつけ、愛着を持たせる
異性のいない環境で卑わいな言葉や歌で性欲をのべつ刺激し、やり場のないエネルギーを暴力に向けさせる
報復の許されない状況で屈辱をあたえ続け、やり場のない怒りのエネルギーを利用する
睡眠時間のコントロール＝思考の体力をコントロール
ストレス発散の対象を、スケープゴートとして作る

な手法は共通しているだけに、一度やっておくと有効な授業である。

技術を見抜いて列挙する

まねる力というだけでは、なんとなく雰囲気で身についているというニュアンスが強い。しかし、そうしたニュアンスでは、マインド・コントロールに抵抗する力は養われない。したがって、〈三つの力〉の一つとして強調したいのは、技を意識的に見抜く力である。まねる盗む力とし、模倣力としなかったのはそうした意図による。全体をなんとなく見てまねる（模倣する）ということではない。それでは、その力を明確に測ることは難しい。また、それだけでは、上達や向上のための強力な支えにはならない。訓練するというよりも、個人の資質によるところが大きすぎるのも欠点だ。

もちろん、まねる力の普遍性を否定するものではない。赤ん坊も周りの人間のまねをしながら成長していく。そう

した普遍的な力は、あえて強調しなくてもある程度みなが持っているものだ。そうした普遍的な力を基礎として、意識的に項目を列挙できるような力を、ここではまねる盗む力としたい。

話をクリアにするために極言すれば、共通のテキストからどれだけ技を見抜きえたかを、シートにメモした個数で測ることができる。できるだけ具体的に列挙してもらう。すると、二、三個しか書けない者から二〇個以上列挙できる者までさまざま出てくる。二、三個しか列挙できない者は、そうした技術に対して完全に意識的ではないと指摘することができる。見抜けない技術は、自分で使うこともできにくいうえに、その技術から逃れることは、さらにできにくい。

まねる盗む力は、漠然とした力として捉えられがちなものなので、具体的な技術を列挙するという仕方で測ることのできるものと規定しておきたい。これは、認識力を鍛えるためでもある。文字にして書き留めるという作業は、明確な認識力を必要とする。これは、認識力を鍛えるためでもある。

後で述べるように非常に重要な意味を持っている。私自身、身体論を専門とする者なので、その意義は深く評価するものだ。しかし、言葉を通しての認識力をないがしろにしたところには、これからの社会を生き抜く力を見出すことはできないと考える。

言葉ですべてをあらかじめ説明されてしまえば、たしかに技を磨く緊張感は薄れる。だからといって、言葉による認識力自体を否定する必要はない。学ぶ側が言葉でつかんだ技を認識しなおすことは、技を盗むうえで、マイナスにならないどころか、決定的に有効な手法である。教える側が言葉ではなく技そのものを見せ、それを学ぶ側が盗み、言葉にするというプロセスが、教育の基本となるべきだ。通常の学校教育では、教師は自分の技を見せるというよりは、結果としての知識内容そのものを言語的に伝達してしまいがちだ。どのようにしてその知識を身につけたのかという、上達のプロセスが盗めるような仕組みが望ましい。

まねる盗む力の応用として、マインド・コントロール的な技術を見抜き、身を守る技について述べた。まねる盗む力は、言葉でメモすることによって格段に向上する。暗黙知を一度しっかりと言葉にして捉える作業が、技を盗む意識を習慣化するうえで有効である。

次章では、〈三つの力〉の目的でもあるアイデンティティの問題について考えたい。

第五章　存在証明＝アイデンティティの教育

1　アイデンティティ概念と教育

教育の基礎概念として

アイデンティティという概念は、E・H・エリクソンが提唱したものだ。日本でも日常語として一般に使われているが、いざアイデンティティとは何かと問われると、明確に答えられる人は少ない。アイデンティティは、自己同一性と訳されたこともあるが、存在証明という訳語のほうが内容はよくわかる。自分の存在を証明する何かがアイデンティティである。身分証明書は、英語ではアイデンティフィケイション・カードと言う。自分がどういう人間かを証明するカードのことだ。日本では、運転免許証が身分証明書代わりになっている。自動車を運転する能力が自分らしさとつながっているわけではもちろんないので、これは便宜的なものでしかない。学生ならば学生証が、会社員ならば社員証が、存在証明の一つの拠りどころにはなる。

アイデンティティ～『スラムダンク』©井上雄彦：I.T.Planning, Inc.（集英社）

桜木花道は、アイデンティティを使いこなす達人だ。バスケット部に入ったばかりの花道は、その天性の体力と格闘技センスを買われて、柔道部の主将から強力な勧誘をうける。バスケ部に入ったきっかけは、かわいい晴子ちゃんに気に入られるためだったが、バスケットのおもしろさに目覚めはじめた花道は、勧誘を断る。バスケットマンという新しいアイデンティティを身につけるのが、この場面だ。「バスケットマンだからだ」というセリフには、張りがある。他者に明言することで、自らに勇気をあたえるアイデンティティ宣言だ。

しかし、存在証明（アイデンティティ）は、社会的な役割と完全に重なるわけではない。自分の歴史を貫く内的な一貫性が、アイデンティティの重要な要件だからだ。私は、このアイデンティティという概念が、教育の基礎概念としてまず位置づけられるべきであると考える。個性や自由といった曖昧な概念に比べて、アイデンティティは教育にとって有効な概念になりうるからである。

「子どもの権利条約」には、アイデンティティの保全という項目が盛られている。これは、子どものアイデンティティが守られなければならないということを宣言したものだ。この場合のアイデンティティには、少数民族や差別されやすいカテゴリーの問題がある。少数民族が、政治的な理由でその存在根拠を剝奪《はくだつ》されれば、子どものアイデンティティは保全されない。その少数民族固有の言語を教室においてまったく否定するのであれば、それはたんに言語の問題を超えてアイデンティティの侵害の問題となる。

ただし、アイデンティティを民族問題に集約するのも適当ではない。たとえば、日本人であるということのみをアイデンティティとする潮流が強くなれば、そこには自国中心主義（ナショナリズム）が生まれる。自分という存在と民族とを完全に同一視して、権力的な行動に出るならば、他者のアイデンティティを侵害する危険性が多分にある。歴史の中で、自国中心主義や自民族中心主義による確信犯的な行動によって、別の国や民族のアイデンティティが奪われた事例は数多い。エリクソンは、アイデンティティをこのように誤解することを、「疑似種族化」として戒めている。

アイデンティティの感覚とは、人が成長し発達していく過程で抱く、自分自身と一体であるという感覚を意味しますし、また同時に共同体の歴史――あるいは神話体系――ばかりでなくその未来とも一体である、という共同体感覚にたいする親和感をも意味します。（中略）ここでいう疑似的とは、〔動物学的な意味での〕共通の種族性にもとづいて人間のアイデンティティを認知したり受け入れたりするのではなく、種々の部族、諸国民、宗派、それに諸階級（おそらく政党も）が、自らを選民とみなすこと、そしてとりわけ危機的な状況において、自らの知識、論理、倫理のほとんどを犠牲にしてまでも、この選民であるとの主張を貫こうとすることを指しています。（E・H・エリクソン『歴史のなかのアイデンティティ』五十嵐武士訳、みすず書房、p.30-31,p.32）

自分探しのウソ

一方で、アイデンティティを、帰属集団や社会的役割といった外部とのかかわりからまったく切り離したところで捉えてしまう傾向もある。社会的関係と離れたところに「自分らしさ」を求める傾向である。「自分らしさ」という表現は、何もしない状態をイメージさせ、努力や上達といった教育の基本要件とは相容れないニュアンスを持っている。「自分探し」という表現もまた、自分を作り上げる「ビルドゥング」という学習・教育の基本線とは無縁に、外部のどこかに本当の自分がいて、それを見つけにいくといったニュアンスがある。こうした自分らしさや自分探しといったものには、上達や鍛錬や練習といった要素は入りにくい。

私の考えでは、教育においてアイデンティティが基本概念となるとすれば、そのためには、上達のための練習を通して、「自分の世界を持つ」あるいは「自分の技を磨く」という側面を積極的に位置づける必要がある。向上心を持って自分の得意技を作り、自分の世界を豊かにしていく。この大きな方向性を共有できなければ、教育は成り立たない。個性概念と同様に、アイデンティティ概念をも同様に甘い幻想のたまり場にしてしまうのは惜しい。アイデンティティは生まれつき持っているものではない。他者と出会い、新しい世界に入っていくことで、自分の世界と他者の世界がすり合わされる。そのすり合わせのプロセスを通じて、自らの存在証明が手応えのあるものとなってくる。こうした他者とのアクティブなかかわりを促進する働きが、アイデンティティという概念にはある。教育は、まさに世界を広げていくことにほかならない。その意味で、アイデンティティは教育の中心概念となる。

アイデンティティの二つの要件

エリクソンによれば、アイデンティティの基本要件は二つある。一つは、自己の内的な一貫性の感覚であり、もう一つは、自分と他者がある本質的な部分を共有しているという感覚である。どんなに時間がたっても自分はやはり自分であるという、自己の存在の一貫性を感じることができれば、自分の存在をかなりの程度実感できる。もし一〇年前の自分、あるいは一年前の自分と現在の自分とのあいだに内的な一貫性を感じることができないとすれば、アイデンティティは相当混乱する。

人間は、細胞が絶えず入れ替わるように少しずつ変化している。しかし、個々の細胞が日々入れ替わっているにもかかわらず、自分の身体が一貫性を保っているように、さまざまな状況の中で変化しながらも、人間は基本的には内的一貫性を保っている。こうした内的一貫性が、教育では大筋として目標とされてよいあり方である。もちろん、ラディカルに自分のアイデンティティを壊しつづけることによって生きるという生き方を否定するつもりはないが、こうしたいわば芸術的な生き方をノーマルな主流と位置づけるのは適当ではない。

アイデンティティは、心理的側面を持つと同時に社会的側面をも同時に持つ。社会（他者）との関係において自分の本質的な部分を共有しているという感覚が、アイデンティティにとっては重要である。外部との関係を絶った精神的なひきこもり状態によっては、アイデンティティは形成されにくい。「自分は自分だ」という同語反復的な内部循環的プロセスだけでは、アイデンティティは成熟していかない。

「アイデンティティ・シート」

アイデンティティは、物のように実体を持つものではない。かといって雲をつかむような概念でもない。自分のアイデンティティとは何かを求めつづけるプロセスそのものが、アイデンティティの核である。自分のアイデンティティは何かを考えようとしても、まったく手がかりがなければ難しい。私は大学の授業で、アイデンティティ・シートという手法を用いている。それほど大げさなものではなく、人から「君は何者か」「君はどういう人間か」と聞かれたときに、「自分は……である」と答えるときの「……」にあたるものを、紙に順番に列挙していくというものである。

思いつくものをいくつかとりあえず列挙してみよう。たとえば、女であることがアイデンティティの人もいれば、長男であることがアイデンティティである人もいる。〇〇県人というように、出身県をあげる人もいる。〇〇大学の学生、〇〇高校出身や〇〇部員といったものもあげられる。過去のものもアイデンティティに含めるものとする。こうして一〇から二〇個の項目を列挙していく。その中には、ささやかなものもあれば重要なものもある。ささやかなものをすべて否定していき、重要なもの一つにしぼり込むやり方はとらない。アイデンティティは、一本道や一本の樹木のイメージで捉えるよりも、小さな路地が入り組みながら交錯する東京の下町のような自然形成的な街や、大きな木の周りにさまざまな植物が群生する森のイメージで捉えるほうが実際に即している。

項目をあげていくときのポイントは、「張りを持って言えるもの」ということだ。たとえば、〇〇大学の学生といった項目について、「張り」を持っていなければそれをあげる必要はない。大学カラーなど、その大学と自分とのあいだに本質的な部分の共有の感覚がなく、社会的帰属集団であるというだけではアイデンティティとはならない。自分の一部として肯定できるものを項目としてあげていくには、プライドや生きる張りといった感覚が必要である。張りを持って「自分は〇〇である」と答えられるものがある程度の個数あれば、アイデンティティは比較的安定していると言える。

こうした項目を一〇から二〇あげていく中で、自分の過去を振りかえることになる。今現在の自分を作り上げている重要なものを探っていく。その作業を行っていくと、日常ではほとんど意識しなかった項目が浮かび上がってくることがよくある。普段は意識しない家族における関係性も浮上してくる。誰々の息子であるとか二人姉妹の姉であるといったものが、それだ。現在の自分を肯定する自己肯定の感覚が、こうした項目選びにはすべてかかわっている。自己肯定の感覚は、教育の中心目標である。自分を内的に掘り下げるだけではなく、自分を成立させている社会的な諸関係に気づくこと。このことが自己肯定の感覚をより豊かにする。マルクスは人間を規定するのに、社会的諸関係の総体であるとした。このアイデンティティ・シートを作る作業は、自分が社会的な諸関係の束であることを実感させる。

二つや三つの項目であれば、他人と重なるものももちろんある。しかし、一〇以上の項目となると、その項目をすべて満たすのは世界でただ一人自分だけということになる。自分は絶対的な存在ではもちろんないが、ユニークな存在であることを具体的に確認することができる。ささやかな項目であっても数が多くなれば、それを束ねている共通項としての自分は、他人とは違う存在となる。

シートの次の作業としては、そこにあげた項目の中からとくに重要なものを選んで、それにまつわる経験を書いてもらう。自分がその項目をアイデンティティの一部となすにいたった具体的な経験を文章にして記述する。記述のさい、重要な他者との出会いや関係を意識的に盛り込んでいくようにする。できれば象徴的な出来事を、あわせて具体的に記述する。自分が自分らしさを獲得していくプロセスにおいて、重要な他者が介在していたのだということに気づくことに大きな意味がある。この作業を行っていくと、自分でも忘れていた他者の存在を思い出し、そうした他者という存在が持っている、広い意味での教育力を捉えなおす機会となる。

経験によって鍛えられるアイデンティティ

アイデンティティ形成のプロセスを記述するこの作業のもう一つのポイントは、アイデンティティの変化を記述することに焦点をあてることだ。新しいアイデンティティが獲得されてくるプロセスも重要だが、一方では、アイデンティティが崩れるアイデンティティ・クライシス（アイデンティティの危機）も重要な意味を持つ。エリクソンは、アイデンティティの危機が青年期に訪れやすく、その時期にモラトリアム（執行猶予期間）を持つことによって、より成熟したアイデンティティが育っていくとする。中学校に入学する思春期のころから職業につくまでのあいだは、変化が激しい。「子どもである自分」でいつづけるのであれば安定しているアイデンティティも、成長するにしたがって脱皮せざるをえなくなる。脱皮のためには、一度不安定な状態をくぐり抜ける必要もある。そのアイデンティティの崩れを何度もくぐり抜けることを通じて、アイデンティティ形成の技が磨かれていく。アイデンティティを作るということも、経験によって鍛えられる一つの技である。

このアイデンティティ形成の記述は簡単な作業ではないので、典型的な例となるものを数種類、これまでの学生の記述から選んでおいて、それを読んでもらう。私が授業で用いているのは、たとえば次のようなものだ。

私の部屋のタンスの上に、古ぼけて所々穴があいてしまった、黄色の猫のぬいぐるみがある。小学生まで、自分は男であったが、このぬいぐるみを「きいろねこ」と呼び、よく遊んでいたのである。もちろん普通に友達と外で遊ぶこともしたし、ファミコンをして遊ぶこともしたが、家に帰るとまず「きいろねこ」に目がいくのが普通であり、捨てられそうになったときは本気で怒ったものであった。学校で、「きいろねこ」の絵を描いては意気揚々としていたこともあった。自分の小学生の時代のすべてが「きいろねこ」であるとしても過言ではないだろう。しかし、中学校に入り、周囲の同級生に自分は驚かされた。皆が実に大人に見えたのである。そこで自分は「きいろねこ」の感覚そのままで中学生に上がってきた自分、世間への見識、知識のない自分に気づき、一人だけ大人の感覚になり遅れた自分が少なからず恥ずかしくなった。その頃から「きいろねこ」に対する考えが変わったように思えるのである。他の事に興味・関心を広げるようになったし、世間の動きに耳を傾けるようになり、自然に「きいろねこ」のことを考える時間が減っていった。大人に近づこうとしていた自分、世間の動きに目をむけようとしていた自分、あの時が初めて自分は一人の人間である事を認識した時期だったのではないかと、今思い返している。こんなことを書いた今、なんだか「きいろねこ」が改めて非常に大切なもののように感じている。一生とっといてやろうかな、なんてことも同時に考えている次第である。(「きいろねこ」)

このシートを作った後に、これをもとにしたグループ・ディスカッションを行う。四人ほどのグループで、自分のアイデンティティについて紹介しあい、質問を交わしあう。自分ひとりだけだとポイントのつかめない学生もいるので、このディスカッションを通して、アイデンティティを捉えるコツを感触としてつかんでもらう。

「ブックリストの交換(民族大移動授業)」

アイデンティティをつかまえるためには、内省も必要だが、他者の世界と自分の世界とを「すり合わせる」作業が有効である。「自分の世界を持つ」ためには、生来の気質や性格だけでは足りない。外部のさまざまなものと深い関係を持つことによって、それを自分の一部としてとり込んでいくことが、自分の世界を広げることになる。

私の教育基礎論の授業は二〇〇人を超える大人数の授業であるが、その授業のはじめの段階で必ず行うのが、ブックリストの交換である。事前に紙を配り、自分がこれまで読んだ本の中で人に勧めたくなるおもしろいものを一〇冊程度選んでもらい、一、二行の簡単なコメントをつけておいてもらう。ちなみに、私が作ったブックリストの例をのせてみた。肚に力の入った作品が並んでいるので、参考にしてほしい。

斎藤孝のお勧めブックリスト

1．ヘッセ、高橋健二訳『デミアン』（新潮文庫）

これぞ友情と自己発見の物語。神秘的な魅力を持つデミアンがかっこいい。彼にひかれてシンクレールが自己に目覚めていくプロセスは、深い。ユングへ展開する道もある。

2．坂口安吾『堕落論』（角川文庫ほか）

安吾は、歯切れがいい文体が最高。堕ち切ってみろ、そこで見えてくるものがあるという主張はあくまでポジティブで張りがある。太宰治や小林秀雄と対照させるのも、ニーチェ『ツァラトゥストラ』へさかのぼるのも楽しい。

3．井上雄彦『スラムダンク』全31巻（集英社）

たがいにスタイルを磨きあう激しく熱い友情の関係は、教育の基本だ。スタイルがぶつかり合っていく緊張感の持続は、『あしたのジョー』を思わせる。最終巻は、圧巻。『サンクチュアリ』『龍（ロン）』『Be-Free』『ピンポン』『バタアシ金魚』もね。

4．ドストエフスキー、原卓也訳『カラマーゾフの兄弟』（ほかの長編でもいい）（新潮社）ドストエフスキー体験のある者とない者とでは、人間観において決定的に何かが違う。ドストエフスキーという山脈を踏破した者だけに見える風景を、共有し語りあいたい。

5．内田義彦『社会認識の歩み』（岩波新書）

本、特に古典を読む意味と技を教えてくれる名著。社会科学方面に暗い人には、マキャヴェリ、ホッブス、スミス、ルソーらへの導入としても絶好。同『資本論の世界』（岩波新書）やウェーバーの『職業としての政治』（岩波文庫）などへ展開するのもいい。

6．久野収・鶴見俊輔『現代日本の思想　五つの渦』（岩波新書）

日本の思想の潮流を巨視的に捉える名著。白樺派、生活綴り方、日本共産党など、思想の生命を描いて見事。自分の思想を作るとはどういうことかという問いがここにある。歴史を見る眼として、カー『歴史とは何か』（岩波新書）も必読。

7．藤原新也『乳の海』（朝日文庫）
80年代とはなんだったのか。知らないあいだに日本型管理社会の中で飼い慣らされている我々は、母性的な保護の「乳の海」を泳ぎ切ることができるか。松山巌『都市という廃墟』（ちくま文庫）も同じ問題意識の名著。旅に興味のある人は、旅の達人藤原の『印度放浪』などの諸著作は必読。「旅」は教師になる人の必修科目だ。浮谷東次郎『俺様の宝石さ』（ちくま文庫）も若者にしか書けないアイデンティティの旅日記。福沢諭吉『福翁自伝』（岩波文庫）も最高。

8．フランクル、霜山徳爾訳『夜と霧』（みすず書房）（安くはないが絶対的な価値がある）ナチスの強制収容所という絶望の場所でなおも人を生かす力とは何か。読み終えたとき、絶句しつつも腹の底から希望がわき上がるのを感じることができる名著。

9．九鬼周造『いきの構造』（岩波文庫）
哲学があまりにも美しく結晶化した、あこがれの作品。私は、これで、大学1年のとき読書会を企画した。日本人の美意識はどのようなものか。内容ある難解さにも慣れてください。私は『「ムカツク」構造』（世織書房）を書いたとき、この本を意識した。日本人ということでは、宮本常一『忘れられた日本人』（岩波文庫）、石光真人『ある明治人の記録』（中公新書）は、衝撃的だ。

10．石牟礼道子『苦海浄土』（講談社文庫）
水俣事件とは、環境と生命に対する大犯罪であることが、身に沁み込んでくる。社会へ眼を開くものとして、カーソン『沈黙の春』（新潮文庫）、鎌田慧『ぼくが世の中に学んだこと』ほか（ちくま文庫）、鶴見良行『バナナと日本人』（岩波新書）、オーウェル『1984年』（ハヤカワ文庫NV）、角田房子『閔妃暗殺』（新潮文庫）、梁石日『タクシー狂躁曲』（ちくま文庫）、佐々木倫子『おたんこナース』（小学館）。

（おまけ） 品切れですが、エッカーマン『ゲーテとの対話』（岩波文庫）、ツワイク『ジョセフ・フーシェ』（岩波文庫）（みすずの著作集にもある）は手にいれて読んでほしい名著。

本だけだと盛り上がりにくい場合には、マンガや映画もリストにいれてよいことにする。推理小説などだけに偏らないように注意する。ほかの学生に刺激をあたえるようなレベルの高いものを、できるだけ含めるように指示する。著者名、タイトル、できれば出版社名を併記する。そして、このブックリストをそれぞれが持ち、他人のブックリストとの情報交換を行う。自分のブックリストを見せて紹介し、相手のリストの中で自分が興味を持ったものを書き写す。

全員が席を立って歩きながら相手を見つけ、その場で五分ほど意見交換をし、また別れて次の相手を探していく。最低一〇人以上と意見交換することを義務づける。意見交換をした相手の名前とその人のリストの中で興味を持った本をメモさせる。二〇〇人以上が教室を移動しながら次々と出会い、意見交換していくさまは壮観だ。はじめは照れていた学生も、すぐに慣れる。このブックリスト交換授業は、どの学生にも非常に評判がいい。教師から刺激をうける以上に、同年代の人間からの刺激は強いようだ。自分が思っていた以上に、ほかの学生が本を読んでいることにショックをうけ、本を読む動機づけができることが非常に多い。ある学生は、これを「民族大移動授業」とよんだが、四〇分ほどもやると、まさにすさまじい量の情報交換が行われる。学生は飽きることなく動きまわり、読書欲がかき立てられていく。

大教室で生徒全員が歩きまわりながら情報交換をするという教育方法は、非常に効果的なものだが、活性化させるためには若干の工夫が必要だ。まず、紙にあらかじめ書き込む作業をしておくことによって、なんとなく話しあうのとは違う情報交換の質の高さがえられるようにしておく。次に、全員をとりあえず席から立たせ、数十メートル移動することを義務づける。一人でも自分の席に座ったままで話すことを認めないようにする。これを徹底しないと、座ったままで普段の友達二、三人とおざなりな話をして終わってしまう。ペンとリストを持って動きまわり、二人あるいは三人の集まりを作っては分かれていく。一人の相手と長く話しすぎるケースがあるので、教師がときおりチェンジするように促す。出会った相手の名前を記録させ、後で教師がチェックすることを告げることによって、出会いの速度が高まる。マンガや映画を含めることによって、本をほとんど読む習慣のない人間も参加することができる。そうした人間が、たくさん本を読んでいる同年代の人間と出会うことによって刺激をうけ、本を読むことのおもしろさに目覚めることもねらいの一つだ。

本を読む技

私は本を読むことは、アイデンティティ形成の重要な手立てだと考えている。読書は、著者の思考に持続的に寄り添う訓練である。この訓練は、現実のコミュニケーションにおいて、深いレベルで他者とかかわる基礎訓練となる。本を読むことを授業で奨励すると、「本を読む読まないは個人の自由だ。強制しないでほしい」という感想が出ることがある。私が担当しているのは教職課程の授業であるので、「本を読む習慣のない者は教師になる資格はない」と断言して、そのような脆弱《ぜいじゃく》な意見は否定する。

このブックリストの交換をし、自然に本を読むようになると、読書が自分の存在を豊かにしてくれるものであることにみなが気づくようになる。本を読む習慣を身につけることによって、出会うことのできる世界は格段に広がる。情報を一つひとつあたえるよりも、まず本を読む技を身につけさせる訓練が、教育においては第一に重要である。各教科の知識を植えつけること以上に、本を大量に読むことのできる力を高校卒業までにしっかりと身につけさせることが、学校教育の中心課題とされるべきだと考える。現実には、大学入学時点で読書習慣のない者のほうが圧倒的に多い。これでは、小学校から高校までの学校教育が中心を外してしまっていると言われても仕方がない。アイデンティティは、新しい世界との出会い、他者の深い思考に寄り添うことを通して鍛えられるが、読書はその最大の手段である。アイデンティティの教育学の中心をなす方法として、読書という技を身につけさせるトレーニングが位置づけられるゆえんである。

「偏愛マップの交換」

「自分の世界」を他人に説明しろ、といきなり言われても難しい。「自分とは何か」という問いにはまり込んでしまうと、身動きがとれない。自分の世界を他者に示すのによい方法は、自分のとりわけ好きなものを列挙し、マップにすることだ。好きなものという点では、フェイヴァリッツ・マップとも言えるが、私はあえて「偏愛マップ」とよんでいる。偏っていると言われるほどに愛しているものを列挙していく、そうした強さをマップ作りに求めるからだ。作成の仕方は、B４判の紙を横長の向きに二つ折りにし、左側にマップを記入する。右側はマップへのコメント用に空けておく。

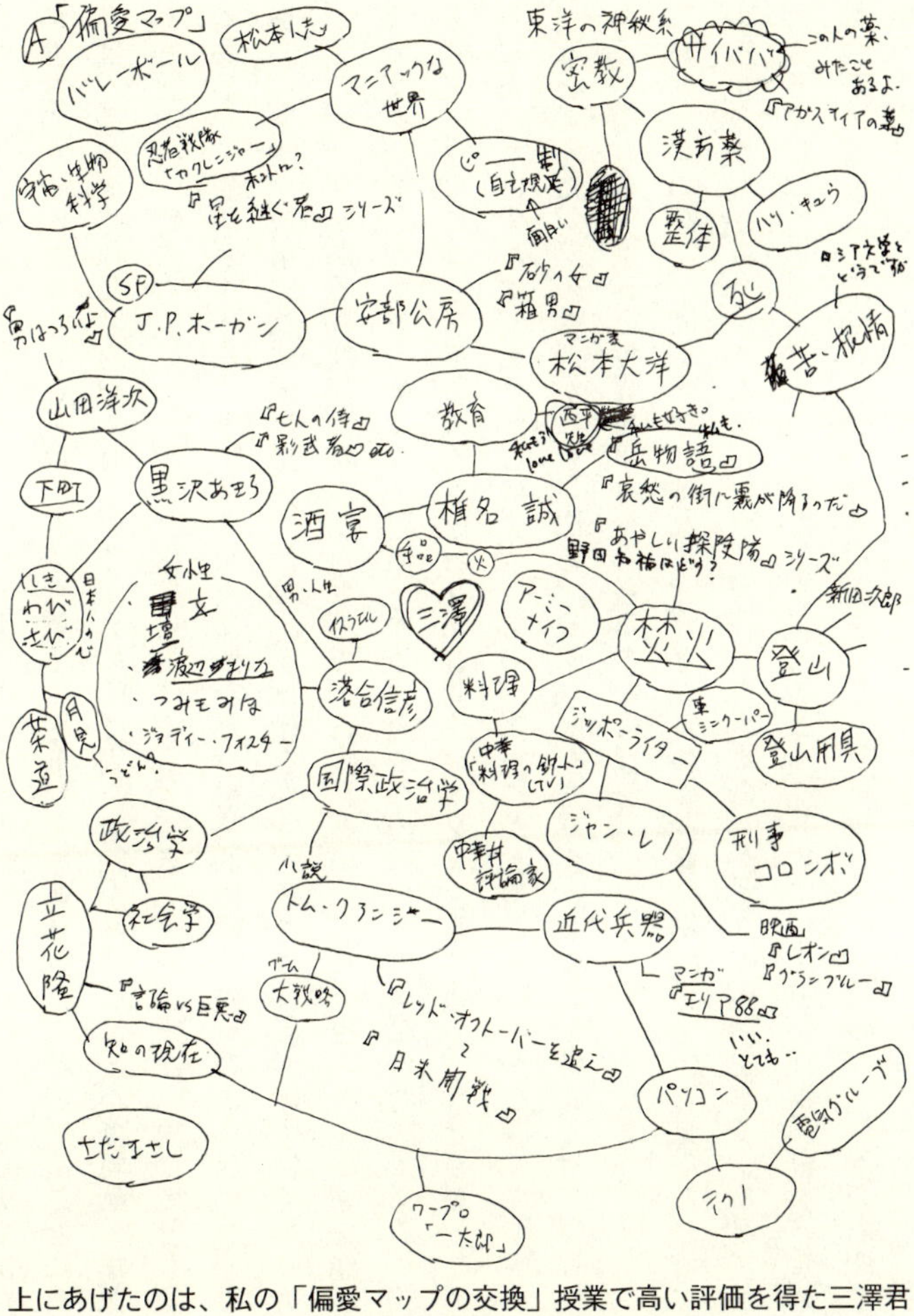

上にあげたのは、私の「偏愛マップの交換」授業で高い評価を得た三澤君のマップである。そのクモの巣上に広がるさまを見てほしい。

偏愛するものの記入の仕方のコツは、音楽やスポーツといった大雑把なくくり方ではなく、誰のどの曲なのかや、スポーツならば、好きな選手の名前などを具体的にあげていくことにある。映画ならば、監督名や作品名を記入していく。具体的に固有名詞をあげることが重要だ。好きな店の名前や好きな食べ物でもいい。グループ化も自由にする。スポーツや音楽といったまともなグループ化もあるが、連想ゲームのように線で次々に広がり、最終的に蜘蛛《くも》の巣のようなマップになることもある。また、放射線状に伸びていったり、座標軸を作ってそこに位置づけていくやり方もある。

このマップがある程度仕上がったところで、二人あるいは三人一組のグループを作ってお互いにマップを交換し、それをめぐって対話をする。重要なのは、この対話の時間である。相手のマップを見て、自分の関心をそこに寄り添わせ、質問やコメントをしていく。自分の知らないものがマップにあったとすれば、それがどのようなものか、どこがおもしろいのかを聞くのでもよい。さまざまなところに対話のきっかけを見出し、その意図を寄り添わせて話を発展させていくのが、コツである。それが、世界と世界をすり合わせることになる。

好きなものを一つ聞くだけではなく、好きなものの関係の網の目全体を見ることで、相手の世界の広がりがつかみやすくなる。コマーシャリズムにのっただけの生活をしていると、マップも浅薄になる。自分の世界と言えるだけのものを形成していくための工夫が、他者の世界を見ることによってつかめてくる。五分から一〇分の対話を交換した後に、一、二行のコメントを右側の空欄に名前入りで書き込む。そして、次に相手を変えて対話を始める。これを次々にくりかえしていく。この作業はエネルギーを使うが、学生には非常に人気の高いものだ。授業が笑顔の絶えない明るい雰囲気になる。どうしても沈滞してしまうグループには、教師がかかわり、きっかけ作りをするとよい。

この対話を行っていると、世界が広く深いほうが対話が盛り上がるということにみなが気づく。自分の世界を持っている人というのは、周りの世界に積極的にかかわり、自分なりの好みを秩序化している人だということがわかってくる。自分らしさは内部にあるというよりは、外の世界とのかかわり方にあることが認識として共有しやすくなる。対話の最中に気づきがおこり、マップにその都度、項目を書き足していくこともよくある。そうした気づきがおこるような質問を相互にする〈質問力〉が対話のカギになる。質問できる力があれば、たとえ自分の世界が相手ほど充実していなくとも、対話は盛り上がる。その対話を通じてお互いに刺激をうけることができる。

最後に一言コメントを書くさいには、相手の世界全体をひきうけたうえで、相手がより世界を広げる方向へと促されるようなコメントを意識する。これは〈コメント力〉だ。他者とかかわるためには、他者の世界にコメントしていくコメント力が、きわめて重要だということに気づく。

コメントするさいのコツとして、他者の世界を肯定的にうけとめるようにすることと、何か具体的なものを勧めることをアドバイスする。相手の世界全体の傾向を読みとり、その世界がより深く、より広くなっていくような何かを指し示すようなコメントは、質が高いと言える。ある程度それぞれのマップが充実していないと対話ができにくいとも言えるが、逆にこのようなマップ作りの作業をたびたび行うことによって、自分の世界を充実させる方向に動機づけを行うことにもなる。

世界と世界をすり合わせる

授業のまとめとしては、右側に書いてもらったコメントの中で、とりわけ自分にとってプラスになったコメントを選んで、各人に発表してもらう。一人で二、三個選んでもよいことにする。そのさい、コメントが評価された回数のいちばん多かった人を、「コメント大賞」として決める。つまり、世界そのものの豊かさを直接評価するのではなく、他者の世界へのコメント力をみなで評価するということである。

一四九ページの「偏愛マップ」に対してコメント大賞を受賞した中島さんの力強いコメントを次にあげておこう。「あんたッ! かなりオモシロイ奴だな、さては…!! かなりマニアックな世界から、壮大な宇宙にまで広がるあなたの世界は、その思索に満ちた表情からも伺い知ることができますが、本当に知りつくすのはまあムリでしょう。少しずつ小出しにして見せて下さいね。それにしても日本の心、わび・さび・いきと東洋の神秘系は、やはりつながるのでしょうか。私は漢方薬はどうしても好きになれないのですが。…それはさておき、あなたはそのうち宗教家になるかもしれないので、できればイスラームやキリストもかじっておくことをおススメします。」

他者の世界にかかわるのにも技は必要だ。このことが、このコメント大賞を選ぶことによって、みなに共有される。次々に対話を行っていくことによって、瞬間的に世界と世界をすり合わせる技とタフさが鍛えられる。とりわけ初対面同士の間でこれをくりかえし行うことは、中身の濃い対話のトレーニングになる。普段の友達同士の会話では必ずしも出てこない各人の細かなこだわりが相互にわかるようになり、普段のクラス内部での評価とは異なる新たな評価が生まれやすくなる。成績だけで序列化してしまうのでは見えてこない各人の魅力が、相互に発見されやすい授業である。

自分の内部に閉じ込もるのではなく、自分の世界と他者の世界をすり合わせ、そのすり合わせから自他の存在証明（アイデンティティ）を豊かにしていく対話を作っていく。こうしたトレーニングは、コミュニケーションの基本である。こうした対話には明らかにコツがある。意識することによって上達の筋道も見える。たとえば、自分が音楽が得意であれば、相手の偏愛マップの傾向に合わせて、また一味違った曲を勧めることがコメントとなる。いつも決まった一つのものを誰にでも勧めるというのも悪いことではないが、相手に合わせて最適なものを選び出せる力はより重要である。対話がおもしろいということは、具体的なものを相手とのあいだにおいて語れるということである。二者の対話においても、第三の項が必要なのである。最終的には、他者の存在証明（アイデンティティ）のための補助線となるようなコメントをする力を養っていくことが目標となる。

存在証明の補助線をひく――デミアンとシンクレール

コメントの中でもっとも重いのは、他者の存在証明（アイデンティティ）のための補助線となるコメントをすることであろう。アイデンティティは「自分とは何か」という問いをめぐって形成されていくものだ。しかし、自分の内面をひたすら掘り下げるだけでは、アイデンティティはなかなかつかめない。タマネギの皮をむくように、中心には何もないということもある。アイデンティティは、そもそも社会的な意味あいを含んでいるので、他者とのかかわり方が重要なポイントになる。ある人と出会ったことで自分のアイデンティティがはっきりとつかめたという経験は、むしろ自然だ。

このように存在証明のためには、ときに他者からの補助線が必要となる。補助線が一つひかれただけで、すっきりと証明の道筋が見えることもある。こうした存在証明のための補助線の例としておもしろいのは、ドイツの作家ヘルマン・ヘッセの『デミアン』という作品に出てくる言葉だ。

『デミアン』は、シンクレールという少年が明と暗の二つの世界が交錯する中で揺れ動きながら、成長していく物語だ。シンクレールは、年長の不思議な魅力を持つ友人デミアンによっていじめから救い出される。シンクレールはデミアンの神秘主義的な魅力にひかれ、後を追うようにして神や自己といった精神的課題にからまっていく。シンクレールはデミアンにあこがれるが、デミアンのようにはなりきれず、迷いに入り込む。迷ったシンクレールは、かつてデミアンが注意を喚起したシンクレールの家の紋章である鳥の絵を描き、デミアンに送った。すると、返事は不思議きわまる方法で送られてきた。シンクレールは休み時間の後で、自分の本の中に一枚の紙切れが挟まっているのを見つけるのだ。

私は紙をもてあそびながらなんの気なしに開くと、中に少しばかり文句が書いてあった。私はそれにまなざしを投げると、一つのことばに吸いつけられ、驚いて読んだ。私の胸はひどい冷気をあびたように運命の前に縮みあがった。

「鳥は卵の中からぬけ出ようと戦う。卵は世界だ。生まれようと欲するものは、一つの世界を破壊しなければならない。鳥は神に向かって飛ぶ。神の名はアプラクサスという」

この数行をいくども読んだのち、私は深い瞑想に沈んだ。疑いの余地はなかった。それはデミアンの返事だった。私と彼よりほか、だれもあの鳥のことを知ってるはずがなかった。彼は私の絵を受け取ったのだ。彼は理解したうえで、私の解釈を助けたのだ。（p.121）

このコメントは実に魅力的なものだ。シンクレールの抱える問題の本質をしっかりとつかまえたうえで、次の世界に開かれていく糸口をヒントとして含み込ませている。次の授業で、シンクレールは教師がアプラクサスについて語るのを聞き、ここではじめてアプラクサスが「神的なものと悪魔的なものを結合する」神のことであることを知るのだ。

理解したうえで解釈を助け、次の段階へと導く。こうした力を持つコメントは、まさに存在証明の補助線となる。

2　闇を共有する権利

教育は稲作だ

教育には管理が必要か否か。これはよく発せられる問いだが、実は、大雑把すぎてあまり意味がない。管理の側面をまったく含まないで秩序を維持するのは難しい。秩序が維持できなければ、効果的な学習は成立させにくい。子どもが勝手に動くのにまかせていれば、素晴らしい学習の成果が実ると考えるのは幻想だ。世話をまったくしなくても果実を実らせつづける熱帯雨林のイメージではなく、稲作あるいは牧畜のイメージに、教育は近い。秩序を維持する管理は、当然必要である。しかし、あまりに管理中心になりすぎれば、学校や教育は、監獄とあまり変わらなくなる。

近代社会は、管理を効率的に行うモデルを数多く生み出した。その象徴的モデルは、パノプティコン（一望監視装置）である。このパノプティコンは、ベンサム考案による監獄の建築様式のことだ。通常の監獄は、囚人を暗いところへ詰め込んでおくものであったが、このパノプティコンの様式は、真ん中に塔を建て、その周りに円周状に建物を配置する。その円周上の建物の中に一つひとつ壁で区切った部屋を作り、囚人を一人ずつそこに入れるというやり方をする。監視人は、塔の中から囚人をぐるりと見渡す。見晴らしがよいので、監視人の数は少なくてすむ。一人で多人数の囚人を監視できる。各囚人は、一人ひとり切り離されているので、暗いところへ集団で詰め込まれた場合に比べて連帯ができない。管理を徹底するためには、連帯やコミュニケーションできないように各個人を孤立化させるのが、もっとも効率のよいやり方だとされている。

このシステムのもう一つの特徴は、監視塔のほうを暗くし、囚人が入っている部屋のほうを明るくするということだ。このことによって、囚人はつねに塔のほうからあからさまに見られるが、囚人から監視塔の内部は暗くて見えないということになる。つまり、監視する人間とされる人間とのあいだの視線が双方向的ではなく、一方向的だということだ。この見る―見られるという関係が一方向的であるということが、この一望監視装置を決定的に特徴づけている。

近代的管理の象徴――パノプティコン

これについては、ミシェル・フーコーが『監獄の誕生―監視と処罰―』（田村淑訳、新潮社）の中で次のように分析している。「〈一望監視装置〉は、見る＝見られるという一対の事態を切離す機械仕掛であって、その円周状の建物の内部では人は完全に見られるが、けっして見るわけにはいかず、中央部の塔のなかからは人はいっさいを見るが、けっして見られはしないのである」（p.204）。

この一方向的視線の恐ろしさは、それが内面化するということだ。このシステムによって、つねに見られている（監視されている）かもしれないという持続的な不安が内面化し、たとえ見られていない状況でも、自分で自分を監視するようになってしまうということである。見られているかどうかがはっきりわからないために、つねに監視されているという不安が生まれるのである。

暴力を用いて囚人を押さえつけなくとも、つねに監視されているという意識を内面に埋め込ませることによって、「自発的服従」を習慣化させてしまうということである。フーコーの表現を借りれば、この装置は「権力を自動的なものにし、権力を没個人化する」ものであり、「可視性の領域を押しつけられ、その事態を承知するもの（つまり被拘留者）は、みずから権力による強制に責任を持ち、自発的にその強制を自分自身へ働かせる」ようになり、「自分が同時に二役を演じる権力的関係を自分に組込んで、自分がみずからの服従強制の本源になる」のである（p.204-205）。

パノプティコンのシステムが極限まで機能したときには、塔の中は無人でも構わなくなる。囚人からは塔の内部は見えないので、実際に塔の中に監視人がいなくとも、見ているということがときおり囚人にわかるような工夫さえすれば、囚人は監視されつづけていると錯覚する。管理システムとしては、恐ろしく効率のよい方法だと言える。

パノプティコンのシステムは、監獄の建築だけでなく、工場や精神病院や学校にも適用できるものである。実際に日本でも、校舎内のいたるところに監視カメラを設置して、モニター室で校内の隅々まで監視できるようにした学校ができた。こうした監視カメラを設置されれば、たとえ実際にモニター室でチェックを行う人間がいなくとも、生徒はつねに監視される不安を持つ。つねに見られているという不安を日常の中で反復していると、自分で自分を管理する自発的服従の原理が生徒に精神の習慣として染みついてくる。ここまでくると、教育システムとしてはパノプティコンは完全に行きすぎだということが明らかである。

現代日本では、情報管理が発達し、個人情報は流用されやすくなってきている。効率をよくするためという名目で、個人情報がシステムに一方向的に組み込まれる傾向は、銀行や役所などでも頻繁におこっている。公文書の情報公開は、この情報（視線）の一方向性を双方向的にする改革だと言うことができる。

ジョージ・オーウェルの古典ＳＦ『一九八四年』（新庄哲夫訳、ハヤカワ文庫ＮＶ）には、監視する権力が徹底した社会のモデルが批判的に描かれている。この作品は、個人に対する権力による支配が、実際に社会主義あるいは共産主義社会でおこっていることを批判する意図をもって書かれたものだ。

党員は出生から死亡までの一生を思想警察の監視下に置かれる。たった独りで居ようと、自分以外に誰も居ないのだという確信は絶対に持てぬ。何処に居ようと、熟睡して居ようと目覚めて居ようと、働いて居ようと休んでいようと、浴室に居ようと寝床に居ようと予告も無しに、且つ監視されていることも知らぬ儘に当人を監視することが可能なのだ。彼の行動は何一つ当局の関心から免れることは出来ぬ。交友関係、余暇、妻子への態度、独りになった際の表情、寝言、動作の固有な癖まで全て丹念に探索される。ただ単に現実の不行跡ばかりでなく、如何に小さな異常行為や習慣の変化でも、更に内的な苦悶の徴候とみなされそうな神経性の言動まで間違いなく見破られる。どの方向に赴こうとしても選択の自由は無いのである。（p.271–272）

親の視線から逃れる

かつて親が一人ひとりの子どもの行動を細かく見る余裕がなかった時代には、子どもはいわば親の視線から逃れた闇の世界に生きる時間を多く持つことができた。また、日本の戦後社会のように、親が子どもの面倒を見る余裕がない時代には、子ども同士の世界は独立して存在しやすかった。ところが、現代では子どもの数が減少した結果、親の視線が子どもに届くようになってしまった。

かつて、権力を体現していた王は、光り輝く存在であり、群衆は暗く光のあたらぬ側にいた。現代では、管理する側の姿は見えにくく、各個人はガラス張りにされてきている。個人が闇を持ちにくくなってきているのである。あまつさえ、個人の内面までがビジネスの対象とされ、他者の管理の下におかれやすくなってきている。先に述べた自己啓発セミナーやマインド・コントロールは、そうした個人個人の内面を対象としている。

私の考えでは、教育は各人の無意識の領域に入り込むべきではない。関係性としては一方向的ではなく双方向的な関係を維持しながら、かつ意識でコントロールできる範囲を対象とする。これが教育の基本ルールであると考える。

教育方法としても、教師が生徒の思考すべてを管理するやり方ではなく、教師がすべてを知りえない場を授業の中に作っていくことが、重要な工夫となる。教師が計画したとおりにすべて進むというのではなく、その場で生まれた意見やアイディアによって展開が変わってくるのが、教育のライブな醍醐《だいご》味《み》である。もちろん教師は、いわゆる「落としどころ」をきちんとつかまえている必要はある。しかし、プロセスは、混沌《カオス》をぐぐり抜けるほうが望ましい。その分だけ、子ども一人ひとりがかかわる余地が大きくなるからである。混沌と秩序を自在に往復できる力が、教師の基本能力だと言える。どのような混沌とした状況においても、論理の筋道を見出すことのできる秩序化能力があればあるほど、場をいったんカオスにする余裕も生まれる。

闇を共有する

ブックリストの交換のところで述べたような、一見混乱した状況においては、相互の情報を教師はほとんど知ることができない。教師の工夫は、対話が活性化するような準備を整えることにあり、対話の具体的内容をすべて管理するところにはない。教室の内部に教師の視線が届かない部分（時間）を作り上げること自体が、授業をうける側のアイデンティティ形成を助ける工夫となる。

マインド・コントロールの特質は、内面の自由さえも許さないところにある。管理する側の視線が届かない、いわば闇の部分を許さないのである。ましてや、その視線から隠れた闇を共有する関係は、いっそう許されない。誰しも経験があるように、成長は、親や教師によってなされる以上に、監視の視線が届いていないところでの豊かな関係性によってなされる。監視の視線から免れた精神の領域を闇とよぶならば、「闇を共有する権利」を認めることが、教育においては基本要件の一つとなる。

私は大学の授業で、自分が書いたエッセーをサブテキストとして用いている。書かれた文字は、話された言葉とは違う力を持つ。内容について一とおり説明した後で、自分が書き、言葉に凝縮した文章を読んでもらうことで、理解と印象が深まる。授業で使っている「闇を共有する権利」というタイトルのエッセーをここに引用しておきたい。若さが勝った文体で、主張をやや極端に書きすぎているきらいはあるが、学生に知的な刺激をあたえる効果は持っている。教師が自分の主張を、署名入りのエッセーとして独立したかたちでサブテキストとして扱うことには意味がある。伝えたい価値観がないのならば、授業をするのは難しい。独善的になりすぎないようにもちろん注意は必要だが、伝えたい事柄を書き言葉として渡すことも重要だと考える。授業であれば、話し言葉で、さまざまなフォローをすることもできる。書き言葉が持つ独自の力を自分の文体（スタイル）で伝える構え、この構えが、相手の構えを揺さぶる力を持つ。

エッセーを読む①――闇を共有する権利

齋藤　孝

光の圧制に身を隠す場もない現代日本の管理主義社会において、成熟へのイニシエーションが可能となるために、まず保証されるべきは、闇を共有する権利ではないか。

我々を驚嘆させる、あのアルタミラの洞窟の壁画は何のために描かれたのか。リビングルームのインテリアとしてではないらしい。あの見事な躍動する動物の絵は、少年が大人の狩りの仲間に加わるためのイニシエーション（通過儀礼）のためのものだったのではないか、とキャンベルは言う。実際に洞窟の中に入ってみると、絵は洞窟の奥深くに描かれており、絵にいたるまでの道は、恐ろしいほどの完全な闇であり、簡単には達することができないようになっている、という。この闇をくぐり抜けた洞窟の奥深くにおいて成人の神聖な儀式が行われたのではないか。この闇の完全さは、畏れの感覚の麻痺した現代人さえ、不安と畏れの入り混じった神聖な気分にさせるほどであるとすると、照明を自在に操作しえない彼らにとっては最高の儀式のプロセスであったと言える。

とりわけ、初めて入ることを許された少年たちにとって、揺れるたいまつの炎だけをたよりに、自らの揺れる大きな影に襲われるようにして、この闇の道を先行者に付きしたがって足を一つ一つ踏み出していくことは、それ自体が重要な儀式となる。この「闇への踏み出し」の果てに、神々しいまでの動物たちの絵がふいに立ち現れたときの衝撃の内に、少年たちは、狩りが死を賭ける神聖な行為であることを深く体に刻み付ける。ふたたび闇の道をくぐり洞窟から出てきた少年たちの表情は、もはや以前の彼らのものではない。晴れやかさの中にも死と再生の神秘性が覆いがたく忍び込んでいる。天へ向かい跳躍する子どものはずむ息づかいから、地の底からの力を身に帯び重心を下げられた大人の深い緩やかな息づかいへと変化を遂げ、アイデンティティは子どもから大人へと変わっている。

壁画はたしかにそれ自体素晴らしいものであるが、それを衝撃的なイニシエーションのゴールとさせているのは、長く続く「闇の道」である。壁画の意味を支えている中心は、

「闇の中へ足を踏み出す」という行為である。この「闇へ踏み出す」身振りこそが、イニシエーションの中心ではないか。ともに闇へ踏み出し、ともに闇の道を味わった者たちの間には、生涯にわたって力を及ぼし続ける絆が結ばれる。そして、彼らが、たいまつを受け継ぎ、闇の道を先導する日がやがて来る。

現代は、ケ(日常)とハレ(非日常)の境界線が曖昧になっている時代であるとしばしば言われる。特に、成人への通過儀礼は、ほぼ完全に失われている。現在の成人式を真面目に大人への境界線と考えているものがいるとすれば、それはよほど体制に飼い慣らされたものだけであろう。退屈な試験勉強が通過儀礼であるというのでは、あまりに寂しい。我々は、成熟への通過儀礼であるイニシエーションを自ら設定していかなければならない状況にある。

一九九四年の中野区の成人式において、ある団体がエイズ防止キャンペーンとしてコンドームを配布しようとしたが、区側はこれを禁止した。この禁止は、おそらく、コンドームが健全なる青少年をいたずらに不健全な異性交遊へと誘う危険性がある、という配慮(=管理への欲望)からなされたものである。この事態に対して、これは新成人を馬鹿にした話ではないか、そのような判断はまさに成人である当人に任されるべき事柄である、という趣旨の新聞投書が見られたが、まったく正当な意見である。

国家をはじめとする公共機関が個人の性的行動に関与する権限はどこにもない。ましてそれが成人式に際してのことであるとすれば、暴動が起きないのが不思議なほどの愚弄であり、越権行為である。学校教育を通して自発的服従による自己管理が浸透してしまった「からだ」は、正当な意見を主張する仕方を知らず、権利を自他に確認する機を逸する。ここで主張されるべき権利は、闇を共有する権利である。

性交渉と呼ばれるコミュニケーションは、闇を共有することを目指している。それは、基本的に闇の中で行われるというためばかりではない。二人だけの間で交され、蓄積されていくコミュニケーションの多様な糸の絡まり合いが、他者にとっての闇を作り上げていくからである。他人からの視線の光線によって暴かれることのない、闇の領域をともに持つことによって、成熟への活力が蓄積される。性のコミュニケーションが闇の共有を目指しているというのは、それが眠りをともにすることによって深度を深め完結するからである。眠りの深い闇をともにすることが、成熟を熟成させる。眠りを共有することは、究極の対幻想となる。

ことは、いわゆる成人に限られたことではない。中学生、高校生には、セックスし、眠りを共有する自由は、基本的にあたえられていない。現代の少年、少女が、性的に早熟になってきているという類の言論が、飽くことなく、マスコミからたれ流されているが、民俗学の研究成果を持ち出すまでもなく、これらはたわ言である。大人の性的活力の衰えと渇きの増大が、若さへの妬《ねた》みとなって噴出しているだけであるのに、ここでもまた青少年の保護という言葉が大人の厚顔にさらに厚化粧をする。

この社会に、とりわけ中学生の居場所は、保証されていない。この社会では、自分の居場所は、基本的に金で買うことになっているが、彼らには金が手に入らない仕組みになっている。若者ほど闇の必要を持たない者たちが金を独占している。彼らには、成熟に不可欠な闇を正当に共有する権利があたえられていない。自分たちの空間が持てないということは、成熟にとって致命的な事態である。この事態は、たとえば、公民館に「中学生のための部屋」などというものが設置されたとしても改善されるようなものではない。そのような保護＝監視が行き渡った隔離された光の空間は、成熟の空間ではない。

小学六年の卒業を間近に控えた二月のこと、公園で遊んでいた僕たちに微かな変化が起こった。まず、男の子の間で、ジーンズが流行り出した。それまでは、みな、ふともも丸出しの半ズボンだった。「隠すこと」が魅力を持ち始めた。そして、女の子のグループと一緒に、公園の大きな滑り台で、ゲームをするようになった。学校の中では、女の子たちと遊ぶことはよくあったが、その公園ではそれまでは男だけのグループで遊んでいた。僕たちは、日がくれても遊び続けた。闇をともに過ごすことが、うれしかった。それまでとは違う何かが起こっているという予感が、僕たちにも、女の子たちにもあったように思う。卒業してばらばらになっていく予感であるとも言えようが、子どもから、ともに闇を過ごし、もの思う年頃へ成熟していく予感であったようにも思える。暗闇の中で、友だちと一緒に焼き鳥を惜しむように食べていた時間は、今の自分の中にもどこかで流れ続けている気がする。

この闇の共有の感覚は、人生のそれぞれの時期の課題に応じてその姿を微妙に変えながら、連綿として続いている。二〇歳前後の闇の共有の記憶は、かつて池袋にあったジャンゴというジャズ喫茶のそれである。友だちと入ったその店は、ほとんど完全な暗闇といえるほどに、暗かった。大きなスピーカーから響いてくる低音に身を浸すようにして、客は皆テーブルにつっぷしている。話をするものはほとんどいない。ジャンゴ＝ラインハルトよりコルトレーンがいっそう似合うその店のトイレは、全共闘時代からの遺産であるのか、マルクス主義に賭けた者や、体制への距離を保った者たちの気概が伝わってくる落書きで壁がおおい尽くされていて、僕たちを圧倒した。公園のトイレの落書きさえも消し去りつくす清潔＝管理主義によって窒息状態にさせられている現在を予測していたかのように、その壁は、過剰な若者の思いが過剰なまでに塗り込められるに任せていた。煙草の煙がたちこめる、空気の悪いその店において、部外者あるいは新参者である私は、慣れぬ気分の中にも、そこに居心地の良さを予感した。闇の連帯とは言えぬまでも、闇の共有の感覚はそこにあった。地価の高騰の時期に、いつのまにかその店はつぶれていた。無駄な、過剰な闇の空間をほおっておいてくれるほど、八〇年代の資本主義は悠長ではなかった。それほど通ったわけではないのに、その店に行きたいと思うときがしばしばある。店のなくなった今も、その思いはふつふつと湧き出る。あの空間は、一つのイニシエーションの闇となって、闇を生み出し続ける闇の水源のようにからだのどこかに隠れている。

「青い闇の警告」という曲から始まる井上陽水のアルバム『WHITE』のテーマは、闇である。ヒッチコックが、男が闇の階段をミルクをもって上がっていくシーンで、コップの底に電球を忍ばせ、白さが異様に浮き立つようにさせ、闇の不安を演出したように、陽水の"WHITE"は、闇の深みを際立たせる。陽水は、ジャケットで、暗闇の中でサングラスをしたままカップを手にしている。陽水のサングラスは、闇にこそ似合う。「傷のない子は夜道で足を踏み出すリズムがわからない」(「White」)。闇の中でしか見えないものがある。闇に踏み出すことによってしか触れられないものがある。サングラスは、闇へ踏み出すための道具となっている。

陽水の歌う「迷走する町」は、「限りない空から落ちてきた行く先を忘れたジェットエアプレーン」のような、まさに行くあてのない声で歌われる。「語り合うたびごと話題はそれて話し合うにつれてゆがんだ瞳　この町のみんなが憶病になり秘密を持つ事は禁じら

れている　冷たい雨の夜が来る　部屋中鍵をかけたまま飛べない」と歌われる空間は、依然として我々の時代の基調をなす空間ではないのか。（JASRAC　出0113117−101）

九〇年代の日本の社会において、成熟へのイニシエーションの基本条件である、闇を共有することは、保証されるどころか、公然と踏みにじられたままであるように見える。保護主義と清潔主義が、それに拍車を掛ける。闇を共有する権利は、他者の、特に子どもや若者たちの闇の共有をほおっておく義務によって保証される。未来という闇を恐れ、他者のすべてを知りたくなる怯懦《きょうだ》をたちきり、闇に踏み出す腹をくくる時がきている。学習＝成熟は、闇の中でこそ行われるのだ。

すべてを光の下に晒《さら》し、判別し、評価し、消費し尽そうとする時代の心性に対して、闇を共有するということを一つの権利として意識しようとすることは、日常における我々の自由への意識を目覚めさせるための一つの変革＝実践となるはずだ。

友情の関係性にあこがれる

〈三つの力〉は、生きる力の基本をなすものである。しかし、この〈三つの力〉をつけたいと強く願う気持ちが生まれなければ、本当には力は身につかない。まねる盗む力を育てるのは、「あこがれ」である。先にいって開拓しているもの、つまり先行者へあこがれを持ち、その技を盗みたくなる。これが成長や上達の基本である。その先行者自身も「あこがれ」を持ちつづけているのが理想だ。その先行者のあこがれに引っぱられるようにしてあこがれていく。この関係性が、第一章で述べた「あこがれにあこがれる」関係である。私は、これがすべての教育の基本になるものだと考えている。

この「あこがれ」は、一人きりで育てることももちろん不可能ではないかもしれないが、友情の関係性がそのあこがれを支えるとき、あこがれる気持ちは加速する。たとえば、自分ひとりがバスケットボールを好きな状態と、バスケットボールにあこがれる者が集まったときとでは、生み出されるパワーに質的な違いがある。バスケットボールという明確な対象を持たない場合であっても、友達と漠然と好きなものについて語りあう時間の中で、「あこがれ」は培われていく。学ぶことの基本には、教師と生徒という関係ではなく、友情の関係性があると私は考えている。お互いに「あこがれ」を分かちあい、切磋琢磨《せっさたくま》しながら刺激をあたえ合いつつ学んでいく。これは非常に充実した学びのあり方だ。私が『スラムダンクを読み返せ!!』（パラダイム）で友情の関係性の大切さを強調したのは、それが成長していく最大のパワーになり、その関係自体が人生の喜びになるからだ。「闇を共有する権利」という耳慣れないコンセプトを提出したのは、監視されない友情の関係性の中で育つ、「生きる力」に目覚めてほしいという思いからだ。

友情の関係性への志向があればこそ、〈三つの力〉は生きてくる。友情の感性がない者に、よいコメントを求めるのは難しい。相手の弱点をつき、論理的につぶせばよいというものではない。お互いの力やアイディアがよりひき出されるように、質問をしたりコメントをしたり、場を作るために段取りをしたりといった力が活用されるべきである。

生きる力とは、あこがれる力ではないか。そして友情の関係性こそが、このあこがれを培養する。学ぶことが生きる力につながっていくとすれば、アイデンティティと友情の関係性というテーマは、不可欠のものであると言える。

次に、レスポンスする身体をめぐって、クリエイティブな関係・場を作る技について述べたい。

第六章　クリエイティブな関係・場を作る技

I　レスポンスする身体——冷えた身体を暖める

冷えた身体から動ける身体へ

生きる力は、身体の活力を抜きにしては考えられない。しかも、ただ身体が健康であるというだけではなく、他人に積極的にかかわっていくからだの活力が、社会を生き抜き、社会を活性化させていくために求められる。もちろん、他者と隔絶した場所で優れた仕事をしたり、それなりに幸福な人生を歩むこともある。しかし、そのように孤独なかたちでの人生を子どもに望む親は、ほとんどいないであろう。子どもに伝えたい生き方としては、ほかの人たちと触れあい、楽しい場を過ごしていくという生き方が王道だと言える。

そうした観点から子どもたちを見たときに、まず感じられるのは、身体が冷えているということだ。他人から何かアクションをおこされても、あまり反応（レスポンス）をしない「冷えた身体」が

レスポンスする身体〜『天才バカボン』赤塚不二夫、©フジオ・プロ（講談社）

バカボンのパパは、レスポンスする身体のかたまりだ。瞬時に他者にレスポンスする。人を無視するということがない。しかも、そのレスポンスが通り一遍でなく、オリジナリティにあふれている。レレレのおじさんは、「おでかけですか？」と必ず律儀に挨拶する。パパは急いでいても立ち止まって、「いそいでいるからへんじをしません」ときちんとレスポンスする。「そんなこときくひまあったらうちの庭はいとけっ」というセリフも、一見ぞんざいなようだが、二人のあいだには気持ちが通っていることがわかる。次のコマで、レレレのおじさんのポーズとセリフをパパがまねているのが、二人の関係の暖かさを示している。道を掃除する人との何気ない会話も、失われた風景のような気がする。それだけ日本人のレスポンスする身体が衰えてきているということだろうか。

目立つ。ましてや、自分から恥ずかしさや不安を捨て、他者に積極的にアプローチし関係をとり結んでいくということが苦手な子どもが多い。人見知りをする・しないというだけならば、現代の子どものほうが、むしろ昔の子どもよりも人見知りをしないと言える。しかし、子どもの身体が発している熱（活力）という点から見ると、全体として冷えてきているのは明らかな傾向である。これは、子どもや若者と長年つき合う立場にある者なら、およそ誰もが感じていることである。

この「冷えた身体」を暖め、「動ける身体」へと変えていくことが、すべての教育の素地となるのではないか。声を大きく出すことでもいいし、からだを実際に動かして他者のいるところへ行くということでもいい。実際に自分のからだを動かして関係を作っていく。こうした練習が、今必要になってきている。自分自身の身体が冷え切ってしまっていても、自分でそれに気づくのは意外に難しい。からだが暖められて実際に動きはじめると、それまでの自分が冷えてレスポンスの少ない身体であったことに気づく。

宮崎駿監督の伝える「生きる力」

宮崎駿《はやお》監督のアニメ映画『千と千尋《ちひろ》の神隠し』でも、冷えた身体から暖かな動ける身体への変化がテーマとして描かれている。親子三人のどことなく冷えた関係の中にあって、わがままで泣き虫で機敏な対応のできにくい子どもである千尋が、八百万《やおよろず》の神が休む油屋《ゆや》というお風呂屋さんで働くことを通して、どんどん身体のあり方を変えていく。大勢の客と従業員が立ち働く場の中では、レスポンスできない身体ではまったく通用しない。働かなければ自分も人間でない者に変えられ、欲望に駆られて豚に変えられてしまった父と母を救うこともできない。そうした追い込まれた状況の中で、千尋は身体を使って働きはじめる。はじめのうちは、「あいさつをしっかりしろ」とか「お礼をしっかり言え」としかられたり、反応（レスポンス）が鈍ければ「鈍くさい子だ」と叱責される。何か理屈を言おうとすれば、油屋を仕切る湯婆婆に口にチャックをされてしまう。

大勢の中でもまれながら立ち働くことによって、身体がレスポンスできるように暖められていく。やがて、自分からアクションをおこして怖い相手に会いにいき、大切な人を救うようになる。

この映画では、からだを使ってほかの人々といっしょに働くことが生きる力につながるのだといういうことがメッセージとして伝えられる。冷えた反応のない身体では、からだを使ってみなで共同して働く仕事場では通用しない。厳しい雰囲気の中で学ぶことはどんどん身についていく。湯婆婆に千尋という名の尋の字をとられ、千と名づけられた少女は、風呂の磨き方や薬湯の入れ方などをまねて盗んで覚えていく。口で丁寧に説明してはもらえない。それだけに、見てすぐに覚えていかなければならない。段取りが悪ければ叱責される。言葉のやりとりでも、スピーディに的確でなければ鈍くさいと言われる。こうした緊張感の中で、からだが暖められ、〈三つの力〉がそれに絡まって伸びていく。こうした観点から見ると、宮崎監督の伝えたい生きる力が、〈三つの力〉や暖かな動ける身体と深く絡んでいることがわかる。そして、現代の子どもたちの圧倒的支持をうけていることからもわかるように、今の子どもたちもまた、こうした生きる力に「あこがれ」ているのである。

冷えていることに気づく

まず、自分の身体が他者との関係において、冷えているということに気がつく必要がある。そのための一つのテキストとして、私は次のエッセーを使っている。これを読んだ感想として、「自分のからだが冷えていることに気づいた」という感想が多く寄せられる。実際にからだを動かす経験はもちろん必要だが、認識が変わることによっても、構えや行動は変わっていく。

エッセーを読む②――サモアのバスは冷えた身体を暖める

~傍若無人の構えから、やりとりの構えへ~

齋藤　孝

唐突なようだが、ウェスタンサモアのローカル・バスの窓にはガラスがない。雨が降ってくれば、窓枠の下のほうからプラスチックの板を引き上げるが、普段は吹き抜けである。中古トラックを改造したバスのいすや床や天井は木造で、昔の木造小学校の教室を縮めたみたいだ。せまくるしく二人がけの席が詰まっているが、風が吹き抜けていくのでうっとおしさはない。海岸沿いの一本道を走り続けながら感じる風は、クーラーの過保護な快適さになれた身に新鮮な刺激と安らぎをあたえてくれる。

始点と終点以外に、バス停はない。道ばたで手を挙げている人がいれば、そこでバスはとまる。降りるときは、バスの最後部から天井をつたって運転手のベルにつながっているひもをひっぱれば、すぐにとまってくれる。道がよくわからなくて、どこでひもをひっぱればいいかわからない場合には、乗るときに、たとえば「ファシトーウタ」と行きたい村の名前を運転手に言っておけば、適当なところでおろしてくれる。運転手でなくても隣り合わせた人にでも村の名前を言っておけば、眠りこけたときでも、着けば起こして教えてくれる。

バスの最後部の上のほうには、ラジカセがはめこんであって、吹き込んでくる風にかきまぜられたレゲエっぽい音楽がバスを活気づけている。若者たちは、曲のリズムに合わせてひっつきあって体をゆすっている。サモアの若者たちは、たいてい後部座席にかたまって座っているが、その理由は、このラジカセのせいばかりではない。年配の人や子供連れが乗ってくると、前のほうに座っていた若者は、後ろの座席にさっさと移っていくからだ。だから、満席になる頃には、前から後ろに年齢が若くなっていくという秩序が、どのバスでもできあがっている。年配の人間や大変そうな人を大切にすることは、サモアでは当然の慣習となっている。

サモアのバスの圧巻は、満席の状態でさらに新しい客が乗り込んできたときに起こる移動である。初めてこの移動を見たときには驚いた。

窓側の男の人がとなりの高校生くらいの女の子の肩をつつくと、その女の子がその男の人の膝の上に横向きにのっかり、その空いた席に乗ってきた体格のいいおばさんが座ったのである。面白いのは、女性と男性が別に恋人同士というわけではなく、たまたま隣り合わせた人同士でもこれが起こるということであった。満席でもかまわず次から次へと乗り込んでくるので、やがて最後部は、若者たちがてんこ盛りになってかたまる。そして、そこここで女性たちが膝の上に乗っていることになる。女性が女性の膝の上に乗ることも、男が男の上に乗ることもある。私も座っていたら、一〇〇キロを軽く越すおじさんにひょいと持ち上げられて膝の上にのっけられたことがあった。三〇歳をこえてバスで知らないおじさんの膝の上に乗っているというのは、なんとも不思議でまぬけな、しかしどこかうきうきした気分であった。

ここでは、膚をくっつけあっても何の違和感もない。汗は風が乾かしていく。慣れてくると、新しい乗客が次々に乗ってきても弱ることはなく、むしろ移動の活気を楽しめるようになる。女の子たちを膝にのっけたてんこ盛りの高校生たちに、声をかけてカメラを向けると、大受けして、てんこ盛りは特盛りになった。東京の満員電車でむりやり膚をすり合わせる状況で、お互いになるべく関わらず素知らぬ顔をしてストレスを減らそうとする「傍若無人な構え」とは、まったく違うおおようでポジティブな「やりとりする構え」がここにはあった。サモアでは、「傍らに人無きがごとし」にふるまわれることは、たとえ見知らぬ道を歩いているときでさえも、一度としてなかった。というより、ここでは、ストレンジャーであっても、目を合わせず、にこりともせず、もちろん声も掛けずに知らぬ顔で通り過ぎることは、あまりに不自然で、到底できることではなかった。

バスの中のこの絶え間ないからだのやりとりを見、やがて参加していくうちに、私は、自分のからだが暖まってくるのを感じると同時に、これまでどれほど自分のからだが冷えていたのかということに初めて気がついた。

東京という大都市の中で、私のからだは冷えきっていた。冷えたからだには、あいさつがうっとおしい。知り合いだとわかっても、気づかなかったことにして行きすぎることもままある。ところが、そのことでエネルギーを節約したつもりが、いよいよ孤独の中で弱っていく。エネルギーが流れを本質とすることを忘れて、貨幣のように貯め込めるものだと勘違いしてしまう。お金の比喩で人間の生きるエネルギーを考える癖によって、われわれのからだの冷えは、加速しているのではないか。

東京で小さな子どもを育てることは、東京が冷えた都市であることをいやおうなく教えてくれる。ショックを受けた出来事が二つある。

一つは、公園のプールでの釣り大会でのこと。よちよち歩きの二歳児が、ほんの少し目を離しているすきにいなくなり、あわててさがしたが、プールサイドのどこにもいない。そして、あせった目が次に見出したのは、不思議な光景であった。子どもは、即席の釣り掘りとなっていた幼児用プールに、釣りをしている十数人の大人たちに囲まれるように、プールの真ん中に首までどっぷりとつかっていたのだった。泳ぐどころか、歩くのもたどたどしい幼児が、親の存在も近くに感じられないままにプールにつかっていくのを、誰も止めずに、大勢の大人たちが顔色も変えずに釣り糸を垂れ続けている姿は、異様としか言えないものだった。急いでプールに入って連れ出したが、もしあのまま子どもが沈んでいってもあの人たちはしばらくは眺めていたのではないか、と思わせられる冷たさが彼らの身体にはあり、背筋が寒くなった。

同じようなことが、レンタルビデオ店でも起こった。

おぼつかない足取りではしゃいでいた二歳の子どもが入口付近で、ネクタイをしめた三〇歳前後の眼鏡をかけた小肥りのサラリーマン風の男性に正面衝突して、まともにうしろむきにぶっ倒れてしまった。子どもはすぐに大声で泣き出したが、その男は、一言も発せず、その場に立ち尽くしたまま、ただ子どもを見下ろしているだけであった。抱き起こすどころか、首を下に曲げることさえもせず、ただ目だけを下に向けていた。突然の出来事にあっけにとられたという表情とも違って、そこに驚きやあせりは読み取られず、ただ得体の知れない冷やかさだけが目に漂っていた。

私が抱き起こしに行くと、その男は、私を一瞬見ると何も言わずに向こうを向いて店から出ていった。その姿は、死体が歩いているようだった。こんな人間が会社で仕事をし、社会生活を送っているとは、なんとも恐ろしい社会だと感じた。自分とぶつかって倒れている幼児が泣き叫ぶのを、冷たく見下ろしているあの目つきは、充分ホラー映画をしのいでいた。あれから一年ほどたつが、日常の隙間に現れたあの体温のない表情は、今だに私の体のどこかに幽霊のようにとりついていて、何かの拍子に現れて私を寒くさせる。

チェルノブイリの放射能がその周辺の人々のからだを蝕んでいるように、何か大変なことが東京という都市に住む人たちに起こっているのではないか。私自身のからだもすでに蝕まれている実感がある。他者との距離感の喪失。やりとりする技の衰退。そして、動けない冷えた身体。

ばらばらになった冷えたからだたちも、本当は暖まりたい。しかし、一人一人が他者とやりとりする自分の技を練ることはめんどうくさい。そんな状況で、からだを一気に暖めることを安直に望むのであれば、そこで求められるのは、一つの大きなボディの形成である。飛躍はあるが、かつて日本の全体主義の最高理念であった「國體《こくたい》」とは、ばらばらになりつつあるからだを一気に暖めるための一つの大きな身体というフィクションであったのではないか。

全体主義は、近代的思考を欠いたばかげた突発的な疫病ではなく、伝統的共同体を崩壊させ人間をばらばらな原子のように切り離した近代を克服するという文脈を持っている。

全体主義が要請された基本的条件は、今もさほど変わらない。藤田省三は、「「安楽」への全体主義」（『全体主義の時代経験』みすず書房）という文章の中で、現代日本社会に見られる「不快の源そのものの一斉全面除去（根こぎ）を願う心の動きは、一つ一つ相貌と程度を異にする個別的な苦痛や不愉快に対してその場合その場合に応じてしっかりと対決しようとするのではなくて、逆にその対面の機会そのものを無くして了おうとするもの」であり、その「根こぎ」ということこそ「全ての形態の全体主義支配に根本的な特徴なのである」と言っている。不快の源を根こぎにすることによって、自らいよいよ冷えていく身体はどこに向かうのか。

かつての全体主義は、天皇という空虚な内的中心へ凝縮しながら外部へ膨張する「熱い全体主義」であったが、現代がもし求めてしまうとすれば、どのような全体主義であろうか。他者との間にやりとりの技を持てず、かすかな違いに目をつけて身内以外を排除するオール・オア・ナッシングの母子一体的な他者排除の癖から抜け出ることのできないままに、冷えたからだを同質的なぬるま湯につけあう、「ぬるい全体主義」であろうか。

西サモアで暖めた身体が東京で再び冷えてきた頃に訪れた冬のロンドンは、成熟した都市の懐の深さを感じさせ、気温ほどには寒さを感じさせなかった。駅と劇場といういかにも公共的な二つの場所で、彼らのやりとりの技に触れた。

地下鉄の駅の雑踏の中で、少しでも体がぶつかった瞬間に、彼らは間髪を入れずに必ず“Sorry”という言葉を発する。私がぶつかったかぎりでは、年齢、性別、階級などと関わりなく、すべての人がそうであったし、ロンドンに住む人に聞いてもやはりそういう習慣があるということであった。東京でも「すみません」という人はいるが、いくつかの点で東京とロンドンは異なる。まず、ほぼすべての人がそうするということ、次に、どちらが悪いとかにかかわらず彼らは必ずそうするということ、そして最後に、「間髪を入れずに」そうするという点で異なる。

これは、ある行動様式が、身体化されて技となっているかどうかという習慣の問題であり、人にぶつかって彼らが本当に申し訳ないと感じているということとは違う。実際、その言葉を発した後は彼らはどんどん行ってしまい、とりたてて暖かな気遣いは感じられなかった。サモアのような体を開いたような暖かさはそこにはない。しかし、この習慣は、すくなくとも身体を冷えさせない。習慣とわかってはいても、気持ちがよいものなのである。よく油の差された自転車のチェーンが気持ち良く回転するように、この種の公共的な技をみなが身につけていることが都市の潤滑油となっている。ぶつかっても知らぬ顔をしたり、不愉快そうな顔を相手に見せつけてみたり、互いに黙ってにらみあったりする東京の不器用さと比べると、都市生活に必要な市民的公共性の技化の熟達度が高い。

もう一つの劇場の印象は、劇場空間によるところが大きい。私が『オペラ座の怪人』と

『レ・ミゼラブル』を見た二つの劇場は、どちらも非常に古く、外部の石と内部の木とにその伝統の時の長さが染み込んでいてなんとも言えないいい雰囲気を漂わせていて、劇場に入った時点ですでに劇空間を体験することになった。劇場内部は、ステージをつつんで円筒のように上に客席が折り重なっている。ストールと呼ばれる最も低い部分の席の後ろのほうをつつみこむように一段客席が広がり、そのまた上にまた一段、そしてその上にまたギャラリーと呼ばれる客席が相当な数半円状に広がっている。このギャラリーからは、ステージを下にのぞき込む格好になる。ステージの横の上のほうには左右から家族用の席が突き出している。

この空間を一番下のストールから見ると、自分がまわりから包み込まれている感じがして、とても暖かく心強く感じる。ギャラリーでは、今度は自分が包み込んでいる感じがして、いずれにしても、ステージや他の客席と一体感が感じられて暖かい。この暖かな一体感を感じさせる重層的な抱擁的空間は、個人主義という決めつけでは見えてこない、共同体としての都市の成熟を見せるものである。

日本では、長方形の箱の前のほうで役者が踊っているのを、客の一人一人はそれぞれ前ならえをして眺めている。日本で公共的な空間と言えば、冷たいガランとした大きな箱と脈絡なくおかれた彫刻を思い起こすが、これは日本の公共性が国家主導の行政的公共性に限定されてきた歴史と無関係ではない。ロンドンでは、公共性は、まず市民的公共性であると感じた。

普段は個人の時間と空間を尊重して無駄なべたつきを極力抑える一方で、演劇のような公共的な祭りには、できるだけ凝縮した暖かな一体感を現出させる密閉感のある空間作りを行い、みなでその雰囲気を盛り上げる習慣を大切にしている。公共の場におけるやりとりの技の成熟が、プライベートを尊重する習慣を支えているのだ。そこでの基本的作法さえ知っていれば、外部の者でも排除はされない。しかし、市民的公共性の技を持たない私的空間は、ひたすら身内に閉じるほかはない。

ロンドンには、都市の持つ体温が感じられる。東京にも、都市の熱気はあり、公共的空間も工夫されてきているが、都市の体温というのとは違う気がする。テンポの速さは都市の特徴でもあるが、東京には、速いテンポで動けない人間を回転からはじきとばす冷たさがある。

ただし、日本＝東京ではもちろんない。インド、スリランカに住んで研究をしていた東京育ちの林さんという友人が、青森の弘前に住みはじめてしばらくしたときに、こう言った。「あのね、こっちに住んでて思うんだけどさ、ここってアジアなんだと思うよ。喫茶店なんかに入っても、すぐ話しかけられて知り合いになっちゃうんだ。東京じゃ、そんなことないけど、こっちだとどこに行っても、知り合いになっちゃうんだよ。東京に住んでるとよくわからないけど、日本てまだけっこうアジアなんだね、ほんと」。東南アジアを旅したときに感じるあの不思議な人なつっこさは、別に日本という国の外部ではない。日本と東京をイコールで結ばせようとする流れに押し流される必要はない。

下川裕治は、成田空港からアジアの各都市に向かう間に「心をアジアにする」という得意技について、「つまりは、イミグレーションの長い列に並びながら、肩の力をスーッと抜くことが肝心なのである。なかなか出発しない飛行機の機内で、アジアの雨を思いだすのである。……空港でぼんやり立っている僕は、見た目こそ日本にいる日本人かもしれないが、目はアジアの色に変わりはじめ、心はアジアを旅する日本人にどんどん向かっているのだ」(『アジアの誘惑』講談社文庫)と書いている。これは、息をゆるめる、という技法によって、人と触れあえる速度にまで、自分の身体のテンポを落としていくということである。そうして、やりとりを楽しむことができるようになる。

かつてグルニエが「猫のムールー」(『孤島』)で、自分の生来の感情から言えば犬を選んだだろうが、「大切なのは、私の気にいるということだけではなく」、いわば世界と自分との距離をなくすために、自分には猫を飼う必要があった、という趣旨のことを言っていたが、東京に住む私にはアジアに行く必要があるのだ。身内をはなれ、『アジア的身体』(梁石日、青峰社)たちと出会い、傍若無人な構えを忘れ去るために。日本語で話しかけてくるソウルの若者たちと対等にやりとりするために。現代社会の母性管理による人間の精神身体の窒息状態の象徴である『乳の海』（藤原新也、朝日文芸文庫）を泳ぎ切るために。一体化か排除かの硬直した関係の仕方を抜け出て、互いの息と息のテンポをすりあわせ、予測を越えた場所に次の一歩をともに踏み出す技を取り戻すために。そして、冷えたからだをまっとうに暖める出会いとやりとりの喜びを伝え合い、「ぬるい全体主義」の誘惑にともに抗するために。

どうレスポンスするのか

コミュニケーションを増幅するために不可欠なのは、レスポンスする身体である。他者の言葉や動きに応答・反応することによって、相手はもう一度アクションをおこす気持ちになる。レスポンスしてもらうことを期待してアクションをおこすのであり、レスポンスのない状態が続くと、アクションは自然と止まっていく。対照的に、レスポンスがタイミングよくなされると、コミュニケーションはうねりを増すように増幅していく。

コミュニケーションの中でも、目と目が合う瞬間は格別な意味を持っている。そこでは見るという能動と見られるという受動が、渾然一体となって混じりあう。見るという行為は、見る主体である自分が見られる客体を、一定の距離をおいて視覚的に捉えるということだ。したがって、視覚は、ほかの感覚に比べて対象化（客体化）作用が強いとされている。視覚に比べると、触覚は触れることと触れられることが一つの事態となりやすい。しかし、見るという行為において、「目が合う」

という瞬間は、目と目のあいだに道が通じ、心が通じる感覚を生み出す。主体と客体の区別が一瞬、失われる感覚を味わいやすい。

目と目をしっかりと合わせて話をするというのは、日本人にとって必ずしも得意な行為ではない。ましてや、三〇人ほどの相手に向かってプレゼンテーションをするときに、一人ひとりの目を次々に見つめながら話をするということは、ある程度のトレーニングをしなければ、いきなりできることではない。通常は、一人ひとりとアイコンタクトをしながら話すということを課題として意識していない。アイコンタクトを課題として意識化しながら話すことを、まず練習する必要がある。

「アイコンタクト・プレゼンテーション」

私がよく授業で行うのは、学生に教壇で一分から三分間程度の簡単なプレゼンテーションを行ってもらい、そのかんにクラスのどのくらいの人数とアイコンタクトができたかをチェックするというやり方である。プレゼンテーションが終わった後に、「今のプレゼンテーション中にプレゼンテーターと目がしっかりと合ったと感じた人は手をあげてください」と聞く。すると、何も事前に指示を出さない場合は、ほんの数人かあるいは誰も手をあげない状態が普通である。アイコンタクトを強調してからプレゼンテーションを行ってもらっても、なかなか一〇人以上にはなりにくい。そこで、目だけではなく、からだ全体を相手に向けていくという感覚を身につけてもらうために、立つ位置を移動しながら一人ひとりに向けてからだの角度を変えて接していくという指示を出す。すると、それまでは意識の外にこぼれがちであった隅のほうの相手にも意識が向けられるようになる。これによって、多少アイコンタクトのレンジ（範囲）は広がる。

しかし実際には、これでもまだ、たとえば三〇人全員とアイコンタクトをするところまではいかない。いろいろな工夫をアドバイスしても、事態はそれほど変わらないことが多い。そこで私は、聞く側の三〇人全員にまず立ってもらい、目がしっかり合ったと感じたら着席してもらうことにした。このやり方だと、自分が目を合わせようとした人が、いつ目が合ったと感じたかがはっきりとわかる。プレゼンテーターのアイコンタクトの意識をより活性化させるために、聞く側の人間には片足立ちをしてもらうことにした。すると、長時間片足立ちをさせるのは申し訳ないという気持ちが働くので、アイコンタクトが活性化する。この方式を採用すると、一、二分で三〇人全員とアイコンタクトを交わすことができるようになった。

おもしろかったのは、プレゼンテーターが目を完全に合わせたと思っても、相手がなかなか着席しないことが頻繁におこったことであった。目を合わせているのに、なぜ座ってくれないのかという声がよく聞かれた。自分では目を見ているつもりでも、相手にその意思が共有されていないのである。このギャップに気がつく機会としても、おもしろいメニューであった。これについて、私は「なんとなく相手の目を見るのでは充分じゃない。ぎゅっと自分の気持ちを込めることが大切だ。おにぎりをにぎるときに、最後にぎゅっぎゅっと強くにぎり込んで締めとするのと同じように、視線でにぎりめしをぎゅっぎゅっと作る感じでやってみてほしい」とアドバイスした。すると、みなコツがつかめたようで、その後は、自分が焦点を定めた相手に対しては、きっちりとアイコンタクトを成立させることができるようになった。

話を聞いているあいだ中、一度もアイコンタクトをしてもらうことができなければ、聞く構えは自然と積極的ではなくなっていく。聞いているという行為に対してレスポンスしていく一つの有力な方法が、アイコンタクトなのである。そこにその人間が存在しているのだということを、しっかりと認知している。そうした相手の存在を認めたことの一つの証《あかし》が、アイコンタクトである。お互いにお互いの存在を認めあったと感じる瞬間は、一秒もあれば充分である。これは多人数に対して、漠然とした空間感覚ではなく、デジタルに焦点を合わせていく技でもある。一人ひとりの目にしっかりと焦点を合わせ、次々にレーザービームのように方向を変えていく。一人ひとりにボールを投げ渡すように、視線を投げ渡していくのである。こうしたいわばデジタルなはっきりした焦点づけの意識ができるかどうかは、文化のあり方も含めてトレーニングにかかっている。自然にはなかなかできない技である。

目と目をしっかりと合わせる

身体が自分の内側に閉じたものではなく、視線や声を通じて相手に直接触れるものであると感じること。これが、レスポンスする身体作りには重要である。デジタルに相手とコンタクトをしていくという技が身についてきたうえで、今度はもう一度全体を照明が照らすように、よりソフトな目で見渡してみる。すると、一人ひとりの顔がくっきりと見えつつも、全体に目が行き届くちょうどよいバランスの見方となる。目を一人ひとりとしっかりと合わせることができる技を持たずに、全体を漠然と見ている状態とは、はっきりと異なる全体把握の仕方が感得できる。

一人の人間と一度目を合わせるだけではなく、一回のプレゼンテーションで何度も目を合わせることができる。とりわけ注意力が散漫な聞き手に対しては、何度も意識を送りつづける。すると、徐々に聞く姿勢が覚醒《かくせい》されてくる。四五分間の授業中にどれだけの延べ回数アイコンタクトしたかを調べてみれば、その教師のレスポンスする身体の基本レベルがある程度わかる。教育実習などで参観すると、ノートと黒板と空中しか見ない学生も出てくる。これは余裕のなさでもあるが、ベテラン教師でも一人ひとりにしっかりと意識を合わせる技が身についていない者がいる。目と目で道をあらかじめ作っておいてから、そのうえに言葉をのせていくような感覚が、コミュニケーションを円滑にする。相手の聞く構えを作ることが、身体を通じてなされるのである。

2　制度・システムをずらす技

クリエイティブな関係が生まれる場

雰囲気のいい場が用意されていれば、楽しく過ごすことのできる者は多い。しかし、活性化したクリエイティブな関係が生まれるような場を作ることは、必ずしも容易なことではない。個人がクリエイティブな才能を持っているというだけではなく、関係がクリエイティブであるような場を作る力がより求められている。というのは、個人の才能もまた、関係・場の力によって、よりいっそうひき出されるものだからだ。

クリエイティブな関係・場を作る技という観点から考えたとき、制度やシステムは、必ずしも個人に敵対するものではない。制度やシステムは、現実に対して硬直しがちな面がたしかにあるが、それをうまくずらしていくことができれば、何もない状態よりもクリエイティブな関係を作りやすいということもある。これは、野球やバスケットボールといったスポーツのルールを考えればわかりやすい。ルールのあるほうが、活性化した関係を楽しむことができる。しかし、そのルールが現実に合わなくなれば、ルールに固執するのではなく、変えていく柔軟さが必要となる。

アメリカのプロバスケットボール協会のNBAは、バスケットのルール改正を頻繁に行っている。代表的なのは、スリーポイント・シュートの導入である。かつては、どこからシュートしようが二点しか入らなかった。そのままでは、ゴールに近いところからのシュートばかりが安全策として増えつづけてしまう。それでは、バスケットボールの醍醐味の一つである、長い距離を美しい弧を描いてゴールネットを揺らすシュートが見られなくなる。ロングシュートをスリーポイントとすることによって、バスケットボールのおもしろさを増す工夫をNBAは行ったのである。

こうしたNBAの例と対照的なのは、男子プロテニスのダブルス・ルールに対する無策である。ラケットの改良や体力技術の向上により、男子のプロのダブルスは、サービスをする側が圧倒的に有利となり、ラリーもあまり見られず、ゲームのプロセスが単調になってしまった。その結果、ダブルスの人気がなくなり、ウィンブルドンのダブルスの優勝者が誰であるかをほとんど誰も知らないといった、悲しむべき状況がおこっている。この事態に対して、私ならば男子ダブルスにかんしては、サービスを二本まではなく一本だけにするというルール改正を行う。そうするだけで、サービス・リターンの成功率は格段に高まり、ゲームは拮抗《きっこう》することになる。制度（ルール）を少しずらすだけで、ゲームは途端に活性化する。制度すべてを、個人の自由を阻むものとして否定する考え方は幼稚だ。制度をずらしていくことによって、みなが活性化する場を作っていく。こうした技が、複雑化した現代社会にはとりわけ求められている。この制度をずらす技は、大きく言えば段取り力に含まれるものである。

関係・場を組み替える力の重要性を認識してもらうために、実際の授業で時間と空間を自在にマネージメントし、関係の場をどんどん組み替えるようにする。それと並行して、次のようなエッセーをサブテキストとして読んでもらう。「制度・システムをずらす」ということが、具体的にはどのようなことなのかをくみとってほしい。

エッセーを読む③——合い言葉は、「換骨奪胎」

〜クリエイティブな関係性への「ずらし」のタクティクス〜　齋藤　孝

一時評判になった事件なので記憶に残っている人も多いと思うが、一九九四年の夏の甲子園では、一つの明確な変革が起こった。その変革的事件とは、光高校の杉村衛作主将の選手宣誓である。宣誓の内容は、こうだ。

「宣誓。野球を愛する私たちは、あこがれの甲子園球場から全国の仲間にメッセージを送ります。苦しいときはチームメイトで励まし合い、つらいときはスタンドで応援してくれている友人を思い出し、さらに全国の高校生へと友情の輪をひろげるため、ここ甲子園の舞台で、一投一打に青春の感激をかみしめながら、さわやかにプレーすることを誓います」（朝日新聞九四・八・八及び八・二二朝刊）。

これらの言葉は、こうして文字にしてしまえば、彼の身体性がまるで抜け落ちて、「なるほどね。なかなか好感が持てるね」という感想を抱かせるに留まりそうな気もする、ある意味で当り前な言葉たちである。しかし、実際にこれらの言葉が発せられたときの印象は、鮮やかにして強烈、文字通り「鮮烈」であった。さわやかな身体から発せられた声としての言葉は、それに触れたものたちを自由にした。しめきられた部屋の窓をふと開けたときに空気が淀んでいたことに初めて気づくように、あるいは空気と風と魂が同一の言葉で表現されていた古代人の感覚を呼び起こすように、ことばの風は魂を活気付けた。

「ふつう」であることを至上の道徳規範としている人々は、根本的かつ革新的という意味でのラディカルな変革的行動には無関心を装い、自分たちの常識範囲内の「本音」に訴え、「そうそう」とうなづくことのできるものに存在証明の一端を求めるのが常である。しかし、この事件は、真にラディカルであったにもかかわらず、数々の検閲をすりぬけ、すべての人の目と耳に届き、希望の持ち方と伝え方を学ばせた。杉村君は、宣誓という形式的かつ権力的な場を、高校生仲間へのメッセージの場に、いわば「換骨奪胎」した。

かつて高校野球の宣誓と言えば、「我々はぁー、スポーツマンシップにのっとりぃー、高校生らしくぅー、正々堂々とぉー、戦い抜くことをぉー、誓いまーす」という決まり文句を、聞き取れない、大声でがなりたてるというのが慣習であった。これは、ほとんど制度化しており、どこの主将も同じようにがなっていた。それは、「高校球児らしさ」として暗黙のうちに支持されていたかのようであった。しかし、杉村主将のメッセージに触れたとき、これまでの宣誓を支持していたわけではなかったことにみなが気付いた。

作詞家の阿久悠は、この宣誓に対して「これほどの呼びかけに対してだまっているわけにはいかなくなった」と、アンサーソングとしての詩をスポーツ紙に発表した。彼のこの素早い動きは、大人の若者に対してのまともな対し方を見せてくれるものだった。

では、具体的に何が変わったのか。

まず、言葉の質が変わった。紋切り型の、新しい意味発生のない決まり文句ではなく、自分自身の考えた言葉で表現している点が、惰性《だせい》的な儀式に活を入れた。これを聞いた人がみな、少なくとも「なんかいつもと違って長くしゃべってるな」あるいは「何か考えたことを言ってるぞ、これは」と感じさせる普遍性がそこにはあった。宣誓の役が自分に決まったときに「運がいい、せっかくやるんだから印象に残るものをやらなくちゃ」と感じた彼のポジティブな構えが、自分の言葉で表現し切る勇気を支えた。

そして、話し方が変わった。彼は、自分の意見をきちんと多数の他者に届くように公的に表明するという民主主義の基本技を実演して見せた。坊主頭を平然と奨励し、不祥事の連帯責任によって夢を砕かれる訓練を押しつける、高野連による魂への諸犯罪に抵抗するかのように、それは起こった。一分三一秒という宣誓としては最長に近い時間が、自分の言葉のリズムを守る強さを示している。

しかし、何より変わったのは、誰が誰に対して話しているのか、という関係性である。国家、高野連、学校、教師たち、監督、マスコミ、大人一般などが入り混じったある種の不透明な権威に対して、学校教育の未熟な一生徒である自分が「恐れ多くも仰せつかった大役の責を無事に果たす所存でございます」という、権力関係を背景にした義務遂行の行動から、野球を愛する若者が、野球を愛する若者に連帯のメッセージを送るという対等な非権力的関係を背景にした権利行使の行動へと、関係構造が変換された。すなわち、「宣誓」は、「メッセージ」へと「換骨奪胎」されたのである。

換骨奪胎は、もともとは、古人の詩に基づいて作るのを「換骨」といい、古詩の意を換えるのを「奪胎」といったことから、先人の詩や文章を生かし、新たに工夫を加えて作り変え、自分の作品とすること、という意味である。この言葉は、その文字の印象が絶妙である。骨を換え、胎を奪う、というイメージは、斬新だ。

何気ないように見えつつ、内実を換えてしまう変形。制度解体を叫んで、挫折《ざせつ》を味わうというスタイルではなく、制度の内実をずらして自分たちのクリエイティブな関係を作っていくというスタイル。このスタイルを、「換骨奪胎のタクティクス」と呼びたい。

「宣誓という制度がいけない」「甲子園自体がそもそも制度的だ」という意見は、一見ラディカルなようだが、かつての自民党の一党独裁の補完作用を果たした社会党の役割に似て、実際の変革力をむしろ削《そ》ぐことがある。制度は、解体しても、また作られる。制度化自体は、善でも悪でもない。ずらしていくことが可能かどうかが問題である。

宣誓という「お上」につながりそうな危険な場所を、仲間に「友情のメッセージ」を送る場所に変換してしまうという、民主主義的な「ずらし」は見事である。一度やってしまえば、さわやかですばらしいと言われるが、初めてこのような換骨奪胎を行うためには、踏み出す勇気が必要である。クリエイティブな関係性の現出へ勇気をもって踏み出した行為に対しては、小賢《こざか》しい批判を加えるべきではなく、全面的に支持し、記し、語り合い、そして記憶し合い、民主主義の基本技の習得の一つの好機とすべきである。

先に、話しかける相手が変わったと書いたが、正確には、この宣誓によって初めて生まれたと言うべきであろう。野球をやる若者同士が、「仲間」として自分たちの友情の関係を公的に認知させたのは、これが初めてではないか。宣誓をめぐる諸関係のあり方は、上下の権力的な関係から、対等なクリエイティブな関係へと変質した。

変革を迫られているのは、大人たちばかりではない。若者たちもまた、在り方を問われている。このメッセージは、「ただ野球部に所属しているから仲間なのではない。たとえば野球というものに対する、『愛という関係の仕方』を共有することのできる者の間の関係を、仲間といい、友情というのだ」という隠れたメッセージを伝えている。若者たちに対して、自分たちのやっていることを「好きだからやっている」という行為にしていく変革を追っているのである。

彼は、問いを突きつける。

「君は、今やっていることを愛しているのか。そして、その愛は、友情という、非権力的でクリエイティブな関係性に支えられているか」。

高校二年のとき、僕は、毎日テニスのことばかり考えて暮らしていた。練習中はむろん授業中もノートにコートの図を書いて戦略パターンを飽きもせずに考え、早弁をして、昼はサービスの練習をした。その頃、僕は、大会に出るたびに、いらついていた。というのは、当時の我々の田舎テニス界では、テニスは下手であっても、球を拾いまくり相手のミスを待つ戦法を取るほうが、攻撃してポイントを取るよりも有利とされ、千日手のような意味のないラリーを日暮れまで続ける消極的な試合が多かったからだ。そこには、試合の勝ち負けはあっても、勝負が生み出す美的快楽は皆無であった。「これは一体何のゲームなんだ。こんなことをしていて何が面白いんだ」といういらつきは、吹き出し口を求めていた。このいらつきを共有できる奴が部に一人だけいた。

興津孝道と僕は、さっそくダブルスを組み、自分たちだけのルールを決めた。それは、「すべてのポイントを自分たちのエースで取りにいく」というルールだった。それから、ダブルスの試合は、快楽の場となった。相手のミスは、喜ぶべきものではなく、快楽のチャンスを奪う悲しむべきものとなった。とりわけ、パートナーも予想しなかったイマジネーションあふれるプレーでポイントを奪ったときは、最高に祝福し合った。一見同じテニスのゲームをしているように見えながら、その実、相手のチームとまったく違うゲームを楽しんでいるという「換骨奪胎」的な喜びを、僕らは感じていた。勝負は快楽と引き換えにされたわけではなく、常にアグレッシブなプレースタイルは、大した戦績ではないにせよ、僕らの実力に比しては好結果を生んだ。俺たちがやっているのがテニスなんだと、二人ともはっきりと肌で感じていた。

ところが、今思えば不思議なことだが、僕にとってみれば高校生活の中でもっとも印象的であったはずのこの換骨奪胎を、その後の一〇年間ほとんどまったく忘れてしまっていた。だから、興津から結婚式に招待された時は、この一〇年ほとんど付き合いがないのに、よく呼んでくれたなと思いながら故郷の静岡に帰った。そして、二次会で興津がふと、「それにしても、あの時のダブルスは最高だったな」とつぶやいた瞬間、僕はすべてを思い出し、即座に「ああ、最高だったな」と答えると同時に招待されたわけを理解した。

僕の中で、高校の部活は、時間をむやみに費やしたわりにうまくならなかった時代として意味を整理されてしまっていた。いわば、自分で自分の過去の生の意味を貧しくしていたのだ。興津の記憶のおかげで、僕はようやく自分の過去の意味をとりもどすことができた。我々は、自分の生の意味を貧しくさせることさえできてしまう。友情という関係性に支えられた「換骨奪胎」の記憶を呼びさまし合うことによって、我々の生の意味の豊かさは増幅する。

ミシェル・フーコーは、同性愛への差別問題に関してこう言う。「ここで重要な問題は、禁止なしの文化は可能なのかとか、あるいは望ましくさえあるのかということよりも、ある社会がその内部で機能している当のシステムが、個人にそのシステムを変える自由を残しているのかどうかだ、という気がします。（中略）制約のない社会は想像できない、というのはまったく疑いの余地がありません。しかし私は、それらの制約に手直しが加えられるように、制約が、作用を被る者たちの手の届く所にあるべきだと、すでに言ったことを

繰り返すことしかできません。」（『同性愛と生存の美学』増田一夫訳、哲学書房、p.59–60）

これはまったく健全な認識だ。

フーコーの言う「システムを変える自由」とは、換言すれば、新しい関係性を現出する自由、である。フーコーは、人々のゲイに対する恐れは、実はその性行為の在り方にではなく、その生活スタイルに対するものであり、「ゲイが今までなかった関係の様式を創造できるということに対する恐れ」である、としている。人々は、通常、新しいクリエイティブな関係性の創出を恐れるものであり、その恐れの根本的理由を自覚化しないままに、別の理由を見つけてその関係性の芽を摘もうとするのである。フーコーは、「友情」という関係の在り方を生のスタイルとして提出するものとしてゲイを捉え直すべきだと言う。

大事なことは、システムを換骨奪胎し、自分たちの居場所を作ってしまい、そこでクリエイティブな関係性を増幅させ、それを公的に認知させていくことによって、システム自体をずらしていくことだ。そして、この踏み込みを支えるのは、友情という関係性である。「常に友情という関係しか信じない」と言い続ける構えは、いわゆる甘い態度では決してなく、自分たちのリアリティを生み出していくための強い構えである。

3　場を作る段取り力——授業デザイン

活性化した場を作る力

関係の質は、場の質に左右される。場を組み替える段取り力があれば、関係の質をよくしていくことができる。喫茶店で向きあって話すのと、飲み屋で並んで飲みながら話すのとでは、話の内容や関係の質は当然変わってくる。どちらがいいということではなく、目的に応じて自在に場を組み替えていく段取り力が大事だということである。

場の組み替えは、ライブの場面で自在に行うことはもちろん必要だが、基本となるのはクリエイティブな場を構造として作っていく段取り力である。しっかりとした構造を持って順序よく展開していけば、誰が主催者であっても、安定して活性化した場を作ることができる。そのような場のデザインをする力が、段取り力の中核となる。優れて活性化している場というものは、通常偶然にできたものではなく、さまざまな工夫があらかじめ凝らされ、構造としてみてもしっかりとしたものであることが多い。

そうした場を作っていく力は、練習によって向上していくものである。そうした段取り力を鍛えるものとして、私は「授業デザイン」というカリキュラムを考案した。料理のレシピを作るように、授業をシートにデザインしていくやり方である。これは、これまでの授業作りの伝統を継承するものであり、より構造的に授業のポイントを押さえる練習をするためのものである。ここで言う授業は、非常に広く捉えることができる。一般の仕事における企画を練る作業と基本的には変わらない。したがって、このシートを使って優れた実践を整理して捉えたり、自分自身のアイディアで企画を練ったりする練習をすることによって、現実の世界において活性化した場を作る力が鍛えられる。

どう授業を作るのか

段取り力のもとには、「ねらい」がある。ねらいがなければ段取りを組みようがない。逆に、段取りを組めなければ、ねらいは実現しない。

段取り力の基本は、時間と空間をマネージメントすることだ。時間にかんしては、活動の質的な違いによって時間を区切ることがポイントになる。

授業を例にとってみる。たとえば、五〇分の授業を、機械的に一〇分ずつ五つのブロックに分けても、これだけでは段取りとは言えない。活動の質や経験の質によって区切っていくのがコツだ。各段取りは、均一な時間配分には必ずしもならない。授業は、クリエイティブな場を作り出すことを本来目指している。教師がおもしろい話を五〇分しつづけるのもいいが、子どもがアクティブに考え行動する授業展開が構成できれば、なおよい。

こうした場を作るための手がかりとして、「授業デザイン（授業レシピ）」がとても役に立つ（二一三ページ参照）。これは、とてもシンプルなものだ。ねらいをはっきりさせ、おもしろいテキストを用いて、キーワード（キーコンセプト）をしぼり込むというものだ。

いちばん重要なことは、授業を運ぶ段取りである。これは、あまり細分化しないように五から七段階程度にする。

コツは、「一人で考える時間」と「グループで作業をする時間」と「クラスでの時間」をうまく組みあわせることにある。これらは、活動と経験の質が自ずと異なるものであり、求められる力も異なるからだ。この段取りに変化がない授業は、子どもをあまり活性化させない。

この展開を支えるものとして、裏段取り（仕込み）がある。料理屋で開店前に仕込みを行うように、授業のようなクリエイティブな場を作ろうとするときには、仕込みがもっとも重要である。現実の五〇分の授業が表だとすれば、その裏にその何倍もの時間をかけるのが、プロの仕事だ。

こうした仕込み（裏段取り）をシートに項目として加えているのは、よい実践に含まれている仕込みを素人は通常あまり意識化しないものだからだ。現実におこっていることに気をとられ、その場を支えている準備作業に思いを馳《は》せるのは、意外に難しいことなのである。それは、私たちがおいしいレストランでおいしいものを食べたときに、その味ができるまでの仕込みの難しさを、普通は想像しないのと同じだ。

料理は、段取り力が明確になるものだ。授業をデザインするシートを授業レシピとよぶことにしたのも、そのためだ。

授業におけるテキストとは

ここで言う「テキスト」とは、教科書的な意味ではない。通常、教科書としてのテキストは、それをめぐってさまざまな意味を議論するものというよりは、結論としての知識を簡潔にまとめたものである。ここで言うテキストは、そこから多くの「意味」をみなでとり出しあうことのできる素材のことである。

文章を例にとってみよう。一つの解釈しか許さない明快な、あるいは平凡な文章であれば、それをめぐって議論する意味はあまりない。読み手が努力してあれこれ意味をとり出してこなくてもすむ性質の文章は、ここで言うテキストにはならない。多様な意味をとり出すことのできる文章が、授業のテキストとしては優れている。それは、批評の対象としても同じである。たとえば宮沢賢治は、日本でおそらくもっとも批評が多い作家の一人だが、その理由の一つは、彼の書いた文章がさまざまな意味の解釈を許す深さを持っているからである。さまざまな視点からの分析に堪える作品は、テキストとしてそれだけ魅力的である。読み手の視点の違いや解釈のレベルによって、作品からもたらされる「意味」の質と量が変わってくる。

つまり、テキストの意味は、作者が込めたものだけではなく、読み手がとり出すものでもあるのだ。作者が意識的に込めた意味をとり出すことのできない場合もあるが、作者があえて意図しなかった意味が読み手によって見出されることもある。テキストを読むという行為は、作者と読み手、あるいはもっと言えば、書かれた記号としての文章と読み手とのあいだの対話だと言える。

文芸批評の世界では通常、テキストは書かれた記号としての文章のことを指すが、授業デザインにおけるテキストは、文章だけでなく写真や映像、あるいは生き物や現実の場所といったものも含む。総合学習を早くから体系的に進めていた長野県の伊那《いな》小学校では、この意味でのテキストを「材」とよんでいる。子どもたちがそれと出会い、そこから豊かな意味を学びとることができるものを「材」とよぶ。たとえば、「川をきれいにしたい」という願いや「川はなぜ汚れたのだろうか」というテーマから出発した総合学習においては、その川自体が材となる。生き物を飼うということになると、飼うものがザリガニであるのか鶏であるのか山羊や牛であるのかによって、材としての重みは変わってくる。低学年ならば、ザリガニや鶏を飼うことによって学ぶことも多い。しかし、高学年になってくると、それではもの足りなくなる。クラスで牛を二年ほど飼いつづけるという総合学習の実践記録があったが、牛を飼うという大きな仕事は、ザリガニを飼うのとはまったくスケールの違う学習を要求する。その牛を食べさせていくことや妊娠中の世話やミルク搾《しぼ》りなど、波及的に学ぶ意味は大きく広がる。

このような授業においては、本当に価値のある材といかに子どもが出会うことができるのかということが、授業の質を決めるもっとも大きな要素となる。子どもたちは、教師の話から学ぶ以上に、材(テキスト)とのかかわりの中から学ぶのである。出会いを通じて驚きや感動を味わうことのできる材は、影響が大きい。理科の教科書は、天才たちの大発見の凝縮であるが、はたしてその教科書を読むことが感動につながっているだろうか。感動とは言わないまでも、多少の驚きや関心を喚起する触媒としての働きを果たしているであろうか。優れた教師は、教科書の解釈ではなく、子どもの関心をひき出すための自分なりのテキストを持っているものである。

テキストを探す

このような観点に立つと、教師にとってもっとも重要な仕事は、「テキスト探し」である。豊かな意味をクラスでとり出しあうことができるような刺激的なテキストを見つけてくることができれば、後は段取りさえ間違えなければ、授業の成功は約束されている。授業に限らず、学びの多い場を作ることの得意な人は、テキスト探しに長けている人だ。もっともおもしろいのは、一人の力では十分な意味をとり出せないが、場の参加者全員が力を合わせると、かなりの程度の意味をとり出すことができるという深さを持ったものである。専門的な知識が子どもになければ意味をとり出すことができないとなると、一部の人間だけが場をリードすることになる。それは無意味なことではないが、参加者全体の積極的なかかわりという点では不満が残る。テキストは、できれば参加者全員に開かれていることが望ましい。

というのは、授業におけるテキストは、テキストとして「共有されること」に最大の意味があるからだ。考察や議論の共通の土台を作ることが、授業成功のカギである。共有できるテキストを持たずに、たんに発表や議論を行うのであれば、その時点で知識や経験の多い者が少ない者に対してただ情報を流すことになりやすい。その極端な例が、講演会である。テキストが共有されていれば、誰か一人が見出した「意味」が、たしかにそのテキストにおいて妥当なものかどうかを、ほかの者は検証することができる。

イギリスの科学哲学者カール・ポパーは、科学の本質を「反証可能性」に求めた。ある理論が科学的であるかどうかを性格づけるのは、その理論がある反証をあたえれば否定される可能性をはっきりと持っているということだ。逆に言えば、どのような反証も許さない包括的な理論は科学的ではないとされる。これと似た事情がテキストの共有にもある。意味がテキストに照らして説得力を持つかどうかを、みなで検討することができるということが重要なのである。一つひとつの意味がテキストに照らして妥当であるかどうかを決定しやすい問いやテキストが、授業の観点からすれば優れていると言える。どうとでも言えるというのでは、授業としての信頼性は薄い。

教師の立場にある者にとって重要なのは、この「テキスト探し」を生活の中で習慣化することである。つまり、「あらゆるものをテキストとして捉える」ことを習慣化するのである。たとえば、映画を観ていても、これは社会科のテキストとして使えないかと考えたり、目新しいおもちゃを見たときに、これを理科のテキストとして使えないだろうかと考えたりする習慣である。これは言ってみれば、一種の職業訓練である。

テレビでは、日々多くの番組が放送されている。教育テレビというチャンネルまである。しかし、「教育番組」がテキストとして優れているとは必ずしも言えない。それは、教科書がテキストとして必ずしも優れていないのと同じ事情である。意味をとり出すべき素材というよりは、結論としての知識が整理されたかたちで伝達されていることが多いからだ。いわゆる教育番組よりはドキュメンタリー番組のほうが、テキストとしての質が高い場合が多い。しかしそれでも、あまりにも説明的な番組や情に訴えるだけの散漫な構成の番組は、授業のテキストとして用いることは難しい。

こうした「テキスト探し」の観点で吟味していくと、本当に価値の高いものはそれほど多くないことに気がつく。優れたテキストを持ってくるのは、プロの技である。ここで言う授業とは、学びの活性化した場を言っている。そうした場を作ることのできる人は、テキスト探しを技化している人であることが多い。つまり、自分の「持ち」テキストをいくつも持っている人は、場を活性化させる手をいくつも持っていることになる。

授業をどう活性化させるのか

授業の基本的な構造は、ともにそれについて語りあうことのできる共通の価値あるテキストを媒介にしている対話構造だ、ということだ。テキストのまったくない場は、授業とは言いにくい。世代の違いや価値観の違いと思われている状況において、実はテキストを共有できていないことが大きな原因となっていることがある。親と子の関係にかんして言えば、ともに語りあう何か（すなわち共通のテキスト）を持たなければ、意味ある対話は難しい。マンガやスポーツや料理も、共通のテキストとなりうる。それをめぐって多様な「意味」が生まれる対話がなされれば、その場・関係は活性化していると言える。共通のテキストがない場合、対話がなくなるか、あるいは経験を押し売りするだけの説教になりやすい。

ただの対話ではなく、意味の発見が多く、対話が触発されやすいテキストを見つけて用意することは、簡単なことではない。子どもたちに自由にまかせておけばよい学習が生まれる、という考えが妄想である理由の一つはここにある。思考を刺激する優れたテキストを共有することは、子どもたちが勝手になしうるような簡単なことではなく、プロがつねに「テキスト探し」を生活の中で習慣化したときに得られる高度な技なのである。そうして見出された優れたテキストが場にあることによって、子どもたちは自発的、主体的にそこから意味をとり出し交換しつづけることができるのである。この価値あるテキストの存在を軽視した場は、不毛になりやすい。今後、総合的な学習が陥りやすい一つの罠《わな》であると言える。

活性化した場を作り上げるテキスト探しのコツは、意外性のあるテキストを見つけることである。つまり、コンテキスト（状況・文脈）とテキストの関係を工夫するということだ。現在という時間が持っているコンテキストがある。たとえば、社会科の授業という枠組みや営業技術を磨くためのセミナーといった場が、そもそも持つコンテキストが強い場合もある。そうした限定されたコンテキストにおいても、テキストは工夫すれば意外性のある（角度のある）ものを見つけることもできる。一見したときには、なぜそれがテキストになるのかがわからないが、授業が進むうちに深い意味があらわれてきて、最終的にはそのテキストがあることによって、場のコンテキストが豊かになるといったプロセスが理想的だ。すでにセッティングされている場のコンテキストに対して、あえて少しずれた角度を持ったテキストを組み込み、そのテキストをめぐる議論を通じて、場のコンテキストが豊かに広がる。これが活性化した場を作る段取り力の隠された秘密である。

優れたテキストを見出すためには、できるだけ多くのテキスト候補のものと出会う生活をすることである。テキストという概念をまず身につけることによって、テキスト探しの観点が技化される可能性が開かれる。そうした観点を持って、できるだけ多くのものに接していく。そうした意識が、生活の幅を広げていくことにもなる。つねに他者の学びを意識してテキスト探しをすることは、一つの制約でもあるが、一方では好奇心の幅を広げつづける原動力ともなるのである。学びつづけるあこがれのベクトルを維持しつづけるカギは、このテキスト探しの意識の技化である。

思考を刺激する

場作りの技として磨きたいものの一つに、キーワード（キーコンセプト）の設定がある。もし場全体を貫くテーマを一つのキーワードで言いあらわすことができれば、その場の経験がより定着しやすい。というのは、通常の人にとっては、場の細かなプロセスが細部にわたって記憶されることは稀であり、雰囲気は覚えていても何をテーマとした場であったかが曖昧になることさえもある。こうした事態に陥ることを避けるためにも、経験を束ねる、いわば取っ手の役割を果たすものができればほしい。それが、キーワード（キーコンセプト）である。

このキーコンセプトは、テーマ（主題）と重なる場合もあるが、必ずしも一致はしない。たとえば、「優れた経営者の条件とは何か」「江戸時代の文化のおもしろさについて」「情報社会における人間」といったものは、一応テーマと言えるかもしれないが、そこにはカギとなるコンセプトは含まれてはいない。およそ何についての場（あるいは話）なのかはわかっても、その内実を貫くコンセプトは提示されていない。

思考に刺激を持続的にあたえるのは、コンセプトである。物事を捉える思考の道具を一つ増やすことが、コンセプトの役割だ。たとえばアイデンティティというコンセプトを知ることによって、周りのものの見え方が変わってくれば、コンセプトとして機能していると言える。コンセプトを場において一つ提出できるか否かは、その場以降の思考の深まりに大きな差を生み出す分かれ目である。新しい知識内容だけではなく、そのほかの物事を見ていくための視点となるコンセプトを得ることの意義はより大きい。その場を機会として新しいコンセプトを知ったり、それまでに理解していた意味と違う意味を持つ言葉をコンセプトとしてうけとることができるように、明確にキーワードを設定する必要がある。たとえば、テキストという言葉をコンセプトとしてうけとったことによって、物事をテキストという視点から見るようになるとすれば、テキストは一つの知識を超えてコンセプトになりえたと言える。

「授業レシピ」の試み

授業デザインの作り方を身につけるために有効なのは、クリエイティブな場を現実に作っている

小泉武夫先生の「微生物は超能力者だ」授業

授業デザイン用シート（授業レシピ）

▽対象　小学校六年生

▽テーマ
発酵と微生物の働き

▽ねらい
・発酵とは何かを知る。発酵食品という先人の知恵に驚きを感じる
・微生物の働きのすごさを知ってもらう
・環境問題について具体的に考える

▽テキスト
・世界一臭いかんづめ（シュールストレイミング）　•発酵させた魚と腐った魚・納豆・ヨーグルト・甘酒　・発酵食品各種　・パネル　・酒蔵（もろみ・麴・東北人の杜氏さん・泡汁 etc.）　•麴菌　・脱色酵母　・生ゴミを土にするビデオ etc.

▽キーワード（キーコンセプト）
・発酵　　　　・微生物

▽段どり
1回目
①発酵と腐敗の違いを実体験する
②発酵の仕組みをパネルで説明
③発酵食品（納豆・ヨーグルト・甘酒）を自分たちで作る

2回目
④酒蔵に行き発酵の現場に触れる
⑤自分たちが作った発酵食品を食べる
⑥脱色酵母を見る
⑦夢の微生物について討論・発表
⑧ビデオを見せる
⑨微生物にたくすロマンを黒板に全員で書く

▽仕込み（裏段どり）
・ビニール袋　・家庭科室など部屋のリザーブ　・エプロン　・わら　・コタツ　・温度計　・炊飯器　・お湯　・なべ　・牛乳　・うちわ　・顕微鏡　・市販のヨーグルト　・酒蔵への事前の連絡　・大豆 etc.

実践を、授業デザインシート（授業レシピ）の形式に記入してみるという方法だ。

たとえば、私がよくテキストに使うのは、ＮＨＫの『課外授業ようこそ先輩』のシリーズの中の小泉武夫教授の『微生物は超能力者だ』という番組のビデオだ。

これは、発酵学者の小泉先生が、母校の小学校で、微生物の力と発酵のおもしろさを子どもに伝える授業だ。まず、世界一臭い缶詰（シュールストレイミング）を子どもに実際にかがせるところから始まる。そして、腐った魚と発酵させた魚とを両方並べて比較させ、腐敗と発酵の違いをはっきりとわからせる。そして、チーズをはじめとする発酵食品を紹介し、自分たちでヨーグルトや納豆を作ってみる。

次に、小泉先生の実家の酒造りの蔵元へ全員で出かけていき、酒が発酵によってどのようにできるのかを見て、匂いをかいで実際に体験してもらう。麹《こうじ》がどのようなものかを知り、発酵するときに泡がブクブクと浮く様子を見、もろみという酒造りでできる食べ物をみんなで食べる。そのあいだに杜氏《とうじ》さんに、酒造りでいちばん大事なことは、温度を一定に保ち環境を整え、赤ん坊を育てるように守ることだと、味わいのある東北弁で話をしてもらう。次に、小泉先生たちが発見した脱色酵母を実験つきで紹介したり、生ゴミをよい土に変える技術をビデオで紹介したりする。最後に、どのような微生物がいたらいいかをみなで話しあい、夢を語る。

およそ以上のような展開だが、これは非常に豊かな段取りを含んだ授業である。こうした授業のビデオは、見ていればおもしろい授業だという感じで見すごしてしまうものだ。しかし、この段取りをシートに書き込んでメモすることによって、こうした中身の濃い授業が、たしかな段取り（骨組み）によって成立しているということが把握できる。自分自身で段取りを組む練習はもちろん必要だが、複雑で豊かな内容を持つ現実の実践から段取りを見抜き、意識化してメモするという練習も、非常に効果的だ。まず個人でシートに書き込ませてから、グループディスカッションをさせると、グループの中でよくその段取りが見抜けている者とそうでない者の差が出る。そこで相互に意見を出しあいながら一枚のシートに完成させる。そして、その成果をクラスで共有する。

この練習のよいところは、段取りをつかまえる力が客観的な力だということを認識できるところにある。いい段取りを思いつくことができるかどうかは、さまざまな力が関与した作業だ。しかし、この場合は、段取りを見抜く力だけをクリアにとり出すことができる。そして、理想の解答はほぼ一つに決まってくる。優れた実践が適当に行われているのではなく、しっかりとした見通しにしたがって段取りが押さえられていることに気づくだけでも意義は大きい。

この授業の場合は、ねらいやキーワード、そして裏段取り（仕込み）も非常に明確で豊かなので、授業デザインシート（授業レシピ）に書き込む練習をするには最適だ。仕込みは、たとえば、最初のところで子どもにかぶせるゴミ袋を用意したり、ヨーグルトなどを発酵させるこたつを用意したり、といった作業である。

ねらい、キーワード、段取り、仕込みをそれぞれ記入する練習は、授業の分析だけに留まらず、現実の構造と意味を把握するのに応用範囲が広い有効な方法だと思う。通常は、すでに文字化されている教科書のような情報をワークシートに書き込むような作業が多い。しかし、映像のように文字化されていない情報を、ブロックに分けながら文字にして書き留めていくという作業は、いっそう現実に対して実践的である。この教育方法を用いるときに気をつけなければならないのは、見せるべきビデオの内容の濃さである。

こうした観点からオンエアされている番組を見てみると、テキストとして使うことのできる番組が少ないことに気がつく。無駄が多かったり説明が過多であったりすることが多い。こうした練習をすることによって、テレビや映画を観る力もまた、養われる。この練習を何度か行うと、「番組を今まで何気なく見ていたけれども、どういう段取りで行われているかという視点で見るようになった」という学生が非常に多い。普段からテキストを探す日を持って生活する、いわば「テキスト探しの意識の技化」がクリエイティブな場の創出を支えているのである。

第七章　「斎藤メソッド」の試み

身体と日本語力を鍛える塾

身体と日本語力は、〈三つの力〉を根底において支えているものだ。身体と日本語力という二つの柱を基礎から作る試みを、「斎藤メソッド」と名づけた学習塾で行ってみた。

対象は、小学校三年生から六年生までを中心とした。インターネットのホームページで募集したため、それぞれ住んでいる地域や学校は異なっており、知り合いは兄弟姉妹を除けば基本的にはいない。子どもは初回二一名であった。

身体と日本語力をそれぞれ分けて独立的に鍛えるのではなく、身体を使いながら言葉へつなげていくというやり方をとった。時間は三時間で、隔週で計六回行う。

机は使わず、空間を自由に移動できるようにする。はじめて会った者同士なので、はじめは雰囲気が非常に硬い。全員のからだも硬そうに見えたので、軽くほぐすためにゲームを行った。方向を決めずに部屋の中を歩きまわってもらう。そして「ジャンプ」と私が言ったらジャンプをし、「クラップ」と言ったら手をたたいて音を出してもらう。歩きながらジャンプやクラップをし、慣れてきたら今度は、ジャンプと言ったら手をたたき、クラップと言ったらジャンプをしてもらうようにした。間違える子どもも少しいるが、すぐに慣れる。これにさらに、「ゴー」と言ったら立ちどまり、「ストップ」と言ったら歩き出すという逆さまルールを加える。すると、適度に混乱し、ゲームとしては楽しくなる。ぶつからないように大またで歩さながら、ジャンプをしたり手をたたいたりしているうちに、少しリラックスしてくる。そこで次に、お互いの名前を覚えるためのゲームとして、「名前覚えゲーム」を行うことにした。

「名前覚えゲーム」

「名前覚えゲーム」というのは、私が大学で教職課程の授業を行っているときに考え出したゲームだ。まず、全員に次の三項目をそれぞれ決めてもらう。

第一の項目は、この場で自分がよばれたい呼び名である。名字でもいいし、名前でもいいし、名前にちなんだニックネームでもいい。

第二の項目は、好きな人物である。人物は、自分の個人的な知り合いではなく、公共的な性格を持つ人物にしてもらう。歴史上の人物でもスポーツ選手でもミュージシャンでも漫画家でもいい。実在の人物が望ましいが、伝説的な人物でも構わない。アニメなどのキャラクターは、できるだけさせてもらう。自分がその好きな人物とのセットで覚えられてもいいような、偏愛している人物であることが望ましい。たとえ全員がその名前を知らなくとも構わない。

第三の項目は、好きなこと、趣味や特技である。これもできるだけ具体的なものにしてもらう。第三項目は、出身地にしてもらう場合もある。

この三つをそれぞれ決めたならば、その三項目をほかの人と言いあってお互いに記憶する。出会う順番は決めずに、全員が中央の空間に集まって、いわば手当たり次第に相手を見つけ、挨拶をしてから三項目をそれぞれ言いあって別れることをくりかえす。二人が基本だが、三人組、四人組でもいい。自分が出会ったことのない人の項目は当然知ることができないので、ほかの人の項目をすべて知るためには全員と出会う必要がある。この三項目をどれだけ記憶できたかを競うゲームである。

「名前覚えゲーム」でとまどう子供たち。

お互いに挨拶をしてから相手の基本情報を聞きあって、挨拶をして別れる。それほど難しいことではないが、制限時間が一五分ほどに設定されているので、総当たり的にどんどんこなしていかなければならない。挨拶をして自分の名前と好きな人と好きなことを言うだけだが、実際に行ってみると、子どもたちは驚くほど身体が動かない。棒立ちになっている子も、何人かいる。照れくさかったり、恥ずかしかったり、緊張しすぎていたりと、理由はさまざまあるだろうが、このような簡単な指示さえもこなせない子どもが多いのには、愕然とした。人にかかわっていく力が決定的に弱いのを、事実として突きつけられる思いであった。

自分から歩いてほかの人のところに行き、先に声をかけて挨拶をすることができない子どもが多い。そのために、場は活性化せず、冷えてくる。なかには積極的にかかわる力のある子どももいる。そうした数人の子どもが棒立ちのようになって冷えている子どものところに、島を巡る船のように、次々と出かけていっては三項目を交換してまわる、という風になった。自分から動けるかどうかは学年には関係なく、小学校五、六年生でも動けない子どもが少なくない。新聞・ラジオなどマスコミ関係の人もこの模様を見学していたが、後で聞いたところでは、この小学生の動けなさ、積極性のなさに暗澹《あんたん》たる気持ちになったということであった。

自分から動いて人にかかわったり、レスポンスをしっかり行う身体のあり方が、自然に身についているものではないのだということが、それを見ている者たちだけでなく、子どもたち自身にもわかったはずである。

この後、三項目をどれだけの人数分覚えることができたかを、紙に書いて点数として出すという段取りになっている。一人で記入させるとまったく書けないことが多いので、三人一組のグループになり、それぞれの記憶を寄せ集めて、一枚のシートに書き込んでいくことにした。三人で一組を作った後は、グループにABCD……と名前をつけ、グループの左からAの1、Aの2、Aの3、Bの1、Bの2と個人に記号が割りあてられていく。円形になって相互に向きあうので、相手の顔を見ながらAの1から三項目ずつ埋めていくというわけだ。採点は各項目ごとに丸をつけていき、自分たちのグループの項目も全部記入し、点数に入れる。

しかし、現実には、三人のグループを作る時点で、すでにうまくいかなかった。二一人だったので、三人一組は簡単に作れるはずだが、いつまでたっても三人一組ができあがらない。二人のグループが三つできたりしてしまっていたのだ。もう一人をよびにいくことも、それを崩して三人一組を作ることもできない。現在の小学校四、五、六年生の実力のなさを痛感させられる場面であった。身体が冷えて動けず、意識もうつろな状態。このような、いわば死んだような身体が平気で放置されている日本の現実に、その場にいる者全員が直面した。

踏み出していく勇気を育てる

この冷え切った有様は、私の予想以上であったが、硬さや緊張がある程度このゲームにあらわれることは、これまでの経験から当然予想していた。初対面の人とはじめての空間で、いきなり挨拶をして名前を交換しあうというのは、緊張や照れをおこさせる。これは自然な感情だ。しかし、この硬さや緊張感や照れを、自ら意識的に乗り越えていくことにこそ、このゲームの本質がある。結果としての記憶力を競いあうことがねらいではない。自分から動いていって人に会い、挨拶をして自分についての基本的な情報をあたえ、相手のことも聞いて別れる。硬い雰囲気を乗り越えながら「踏み出していく勇気」を学ぶことが、このゲームの眼目である。そばから見ていると、この名前覚えゲームは、塾の最初に行うにしては子どもにとって難しすぎるように思われたであろう。もっとからだを使うゲームを多く行ってからこのゲームに入るか、すべてのメニューを終えてから行えば、ずっとスムーズに名前を覚えあったかもしれない。

しかし、教師が雰囲気作りをすべて行い、徐々に体を暖めてあげて、スムーズな出会いがおこりやすくしてあげる、というやり方では、硬い雰囲気を自ら乗り越え、「踏み出していく勇気」は育たない。踏み出すことができない自分の現実に直面し、それを直視する必要がある。自分の子どもがそのように動けない身体であることを、親も認識する必要がある。効果的な学習カリキュラムを、あたかもレストラン探しをするように求めているだけでは、現実は変わらない。まず、他者にしっかりとかかわることのできない子どもの現実を、親子ともどもうけとめるところから始める必要がある。

冷えた子どものからだを暖めて、ほかの子どもとかかわりやすい暖かな雰囲気を作ることは、プロの教師ならばそれほど難しいことではない。からだを使ったワークショップには、そうした目的のものがたくさんある。しかし、現実の社会において、自分の苦手な状況を避けて通り、居心地のいい場所にだけ身をおく習慣がつきやすいことを考えると、他者との緊張感のあるかかわりの場面は、非常に貴重な場である。その硬さや緊張感は、対人関係にかかわる能力をつけていくための、いわば一つの資源である。

採点は次のようにして行った。Aの1の子どもから順番に、自己紹介がてら三項目をみんなの前で言っていく。項目ごとに、正解したグループには拍手するようにする。つまり、拍手が多いほど、人に覚えてもらっていたということになる。人に覚えてもらうということも、一つの重要な力である。ところが、三人で協力しあって一つの名簿を作り上げるという作業さえも、まったくできない組があった。会話ができないのである。記入する速度も非常に遅く、情報をとりまとめる能力も低い。国語力の総合的な低さを見せつけられた。

自然体の作り方

次に、立ち方の基本を練習した。床がカーペット敷きなので、裸足になってもらった。立ち方の基本は、足を肩幅よりも少し広めにとり、足先を外側に軽く向けることにある。ハの字を逆にしたようなかたちで立つのだ。ポイントは、足の指を拡げることだ。足の指を拡げて、地面をつかむようにして立つ感じである。とくに、足の親指と人差し指のあいだを大きく拡げさせる。げたやぞうりの鼻緒が挟まっているような感じで拡げる。自分で開きにくい子どもは、手の指を使って拡げるようにする。足だけで拡げる場合は、足の親指を床にぴったりつけて固定し、外側に扇を開くように、ほかの指を開くとうまくいきやすい。

次に膝を軽く緩める。腰は軽く前へ傾ける感じで、腰の周りの筋肉は締めるようにする。腹はゆっ

子どもの肩を持ち上げ、自然体の立ち方を作る。

たりとさせて、へその下の下腹部に力を込めさせる。膝や腰、腹を押して揺らがないように、子どもたちのあいだを回ってチェックする。手で押されるのに抵抗するうちに、足腰の筋肉を締めるコツがつかめてくる。前後左右に揺さぶられるのに耐えられるように、足腰を固めさせる。

　実際に行ってみると、子どもたちは驚くほど吸収が速かった。細身の子どもでも、揺さぶっているうちに、足腰を締めるコツがすぐにつかめてきた。はじめに、何も意識しないで立たせて押したときにはよろけたが、それと比べると雲泥の差のあるしっかりとした確固たる立ち方となった。

　腰肚《はら》を決めて、大地に根を張ったように立つことができるようになると、次のチェックは肩甲骨《けんこうこつ》である。後ろから上腕部、肩の近くを両手で持ち、子どもの肩を腕ごと上げてみる。上半身が力んで硬くなっている場合には、肩が持ち上がりにくい。自然体の立ち方は、下半身がどっしりと締まっていながら上半身の力は抜けているという、上虚《じょうきょ》下実《かじつ》の状態である。上虚、すなわち上が抜けた状態を作るには、肩甲骨が一つの重要なポイントになる。肩甲骨全体を揺するようにして、上半身の力を抜かせる。大人の場合は、なかなかこの肩甲骨の力が抜けにくい。しかし子どもたちは、上半身の力を緩めるのも非常に上手かった。

上半身を緩めると、それにともなって下半身の力も抜けてしまいがちになる。そこで、下半身を締めるようにしたまま、上半身の力を抜く練習を行う。膝や腰肚を押しても揺らがないようにするのと並行して、後ろから腕と肩を持ち上げてみるのである。これは二人一組になって相互にチェックしてもらった。その結果、三〇分もしないうちに全員、見事な自然体ができるようになった。この自然体を作るワークショップを、私はさまざまな年齢を対象にして行ったことがあるが、子どもたちが自然体を吸収する速度は、非常に速い。

自然体は、一つの技《わざ》である。この技は、一生使うことのできる生きるうえでの基本技である。自然体という技は、武道や芸道の達人が一生かけて究めていくものであると同時に、逆上がりや自転車に乗るのと同じか、それ以上に簡単な基本でもある。二〇分程度の練習によって全員の子どもがある程度できるようになるということは、逆上がりよりもやさしいと言える。指導の仕方も、チェックポイントがはっきりしているので、それほどの達人でなくとも容易に行うことができる。効果に比べて習得が容易だという点では、非常にコストパフォーマンスの高いカリキュラムだと言える。

自然体を作るうえにおいては、指導者や周りの上手な子の立ち方を見て、まねて盗む力が生きてくる。子どもたちは、〈まねる盗む力〉をからだの練習を通してつけていくことができる。少しでも上手に自然体ができるようになった子どもを場の中央に連れてきて、よいポイントを具体的にみんなに見てもらう。こうしたことを何人にもやってもらって試すと、ポイントが共有されてくる。

自然体の基本は、上虚下実である。上虚下実をからだで感じるには、四股《しこ》立ちになってする肩入れが有効だ。シアトル・マリナーズのイチロー選手が、ウェイティング・サークルで行っているストレッチである。自然体の技法にかんしては、『自然体のつくり方〜レスポンスする身体へ』（太郎次郎社）に詳しく書いたので、そちらをご参照いただきたい。

子どもたちの美しい肩入れ。

丹田呼吸法

自然体の作り方の基本ができたところで、仏に魂を入れるように、丹田《たんでん》呼吸法を練習した。丹田呼吸法は、吐く息を長くする呼吸法である。まず吐く息を長くするために、秒数を測ってできるだけ長く吐いてもらう。自分の息が続かなくなったところでしゃがんでいく。三〇秒前後でしゃがんでしまう子どもが多い。

その後、三秒吸って二秒保ち、一五秒かけてゆっくり吐くというサイクルを六回（計二分間）くりかえす呼吸法を行った。鼻から吸って口からゆっくり吐く。これはなんとか全員できた。「この場では、頭のいい悪いではなくて、息が強く長く続くのがいいということになっている」と子どもたちに言って、息を長く深く吐くことの重要性を強調した。深い息ができれば、心身が落ち着き、またほかの人の息のさまざまなリズムに合わせることもできるからである。この息の力は、後で行う朗誦《ろうしょう》や暗誦《あんしょう》にそのまま生きてくる。日本語力の基本を声、すなわち息とセットにして育てることが肝要である。

呼吸法にチャレンジする子供たち。

「人間知恵の輪」

自然体を作り呼吸法をした後は、子どもたちのからだもかなりほぐれ、雰囲気も暖まってきた。そこで、休み時間を挟んで、「人間知恵の輪」というゲームをやってみた。これは、私が自分の家で子ども相手に遊びながら作ったゲームだ。プロレスの固め技を、からだを緩ませて、するりと抜け出すというものだ。

たとえば、ひとりが相手の背中側にまわって両脇から腕を差し入れ、手を相手の頭の後ろで組む。プロレスでフルネルソンと言われる固め技だ。ここで痛くない程度に締めたら、そこでロックし、それ以上は締め上げないようにする。抜け出しにくい強さで固め、そのかたちをキープするのだ。固められると普通は軽いパニック状態になって、力をいれて無理矢理抜け出そうとする。そうすればそうするほど、からだに相手の腕が食い込む感じがして苦しさが増す。このように、無理矢理相手の腕をほどこうとするのは、知恵の輪を無理矢理曲げてとろうとするのに似ている。力をいれなくてもするりと抜ける道が知恵の輪にあるように、この場合も、力を抜いてからだをスライムのように緩めれば、するりと抜けることができる。この息を吐いてするりと抜けるコツがわかると、もっと技をかけてほしくなる。コブラツイストのような技も、子どもは滑り落ちるように抜けていってしまうことができるようになる。

「人間知恵の輪」でするりと抜ける子ども。

一瞬パニックになりかけたとき、一回ゆっくりと息を吸い、息を吐くと同時に脱力し、状況からするりと抜け出す。この経験は、パニックを抜け出す方法として象徴的なものだ。女の子は力を抜くのが得意なので、問題なくやっていた。はじめは自力では抜け出せないと思った固め技から簡単に抜け出ることができるようになると、自信になる。相手と触れあう中で、自分の身体の感覚に目覚めていく。自分のからだが今どうなっていて、中身がどれくらい固まっているかを瞬間的に把握し、その形と質を自分の呼吸を通じて変えていくのである。これは、生きていくうえで、さまざまな状況に処する重要な技である。

このゲームのコツは、技をかけるほうが、ある程度の硬さでロックしたならば、そのかたちを動かさないようにするということにある。抜け出した後には、ロックした側のからだがそのままのかたちで残るようにする。子どもたちに固め技を適当に工夫してもらったが、パンチやキックと違って突発的な動きではないので問題はなく、完全に遊びとして楽しんでいた。

「ミニ寺子屋」の実験～国語は体育だ

子どもたちの声に張りが出てきた。

からだがほぐれ、息も深くなったので、『声に出して読みたい日本語』（草思社）をテキストとして、日本語の朗誦に入った。まず選んだのは、宮沢賢治の『風の又三郎』の冒頭だ。

どっどど　どどうど　どどうど　どどう
青いくるみも吹きとばせ
すっぱいくわりんもふきとばせ
どっどど　どどうど　どどうど　どどう

これを最初に持ってきたのは、言葉にリズムと勢いがあって、息が深くなるからだ。風の音がどっどど　どどうど、となるように、息もどっどど　どどうど、と勢いよく吐き出される。私は息を大きく吐き切ることが非常に大切だと考えているので、この冒頭部は息を鍛えるメニューの導入として最適だと考えた。実際、子どもたちの反応も非常によく、声に勢いが出ていた。

まずは、私が一行ごとに声に出して読むのに続いて、子どもたちが復誦するようにした。次に、全体を全員で朗誦した。その次には、四人一組のグループを作って、子どもたち同士で朗誦することにした。

「ミニ寺子屋」方式で朗誦する子どもたち。

ここでおもしろいことがおこった。ほとんどのグループが全員で声を合わせて読み上げていた中で、あるグループだけは、小学校三年生の非常に声に張りのある子どもが師範役になって、朗誦をリードしていたのだ。その子が朗誦した後を、ほかの三人がついて復誦する。床に正坐するかたちで行っていたが、一人に対して三人が並んで向きあうような配置になっており、「ミニ寺子屋」の光景ができあがった。ここでは、教える—教えられるという関係性ではなく、まねる盗む力が鍛えられる、ともに学ぶ関係が成立している。

私なしでも、自然に美しい張りのある朗誦が行われたので、私はその子を「師範代」とよび、このグループのシステムを全員に共有してもらうことにした。リーダーとなる子は、一回読むごとに時計まわりにずれていき、全員が一度はリーダーを経験することにした。最後に、グループごとにみなの前に出て、いっせいに朗誦する演劇的な空間を作った。すると緊張感が生まれ、声に張りが出る。先ほどのモデルとなったグループの朗誦は、ぴったりと息が合って声に張りがあり、その場にいる者がみな聞きほれるほど見事な朗誦であった。

芯《しん》の通った張りのある朗誦を聞くと、その朗誦をしている人間の精神のあり方までが凛《りん》としたもののように感じられてくるから不思議だ。自然体の作り方から朗誦への流れは、心と体の芯を作るという一貫したねらいに基づいている。

前に出て、張りのある声で朗誦する「師範代」のグループ。

母国語能力を鍛えるために

次の朗誦では、「知らざぁいって聞かせやしょう」で始まり「弁天小僧菊之助たア俺がことだ」で締めくくる「白《しら》

「弁天小僧菊之助」を回し読みする子どもたち。

波《なみ》五人男」のセリフをやった。こんどは、復誦し、全員でいっせいに朗誦した後、丸く輪になって、全文を句点・読点ごとに区切って一人に一つずつ割り当て、時計まわりに朗誦していくというやり方をとった。自分のセリフ部分はあらかじめ決まっているので、そこだけをしっかりと大きな声で言えばいい。何回か自分の個所を大きな声で練習するようにした。最後の部分では正坐のかたちから右足を前に出して、首を振りながらキメのポーズを作るようにした。実際にやってみると、一人ひとりに責任感と張りが出て、全体として一つの作品になった。この点や丸で区切る回し読みは、大学でも行ったが、一人ひとりの声の感じの違いがよくわかって、やっている本人たちも楽しめるメニューである。

次に、落語の「寿限無《じゅげむ》」をやった。これは、寿限無から始まる長い名前を一息で言い切ることを目標にし、息を鍛える練習も兼ねた。子どもはこうした言葉遊びが好きなので、覚えさせるようにもした。その後続いて、付け足し言葉に入った。「あたりき車力よ車曳き」や「驚き桃の木山椒の木」といったものだ。「おっと合点承知之助」のときは、家で用事を頼まれたとき、たとえば「電気を消してくれ」とまるでリモコンかなにかのように使われたときに、いやいやるのでは互いにおもしろくないから、「おっと合点承知之助」と言ってひきうけると雰囲気が明るくなるなどと説明した。レスポンスする身体を作るのに、この付け足し言葉の練習はおもしろい。大人側が何かをセリフとして言って、それに答えるかたちにすると雰囲気が出やすい。

私はすべての学力の基本には、母国語能力があると考えている。母国語能力を徹底的にトレーニングすることによって、自分の思考を自在にコントロールできるようになる。自分の無意識と意識の境界の行き来をスムーズにすることもできる。つまり、自分がなんとなく感じていてもどかしく思っている思いを、言葉に出してあらわすことによって、心がすっきりとしてくるのである。母国語能力をしっかりとトレーニングすることは、心の情緒の安定につながる。母国語能力の向上のためには、名文を暗誦・朗誦することが不可欠だ。何度も反復して朗誦することによって、内容以上に言語の持つ根源的なリズムとしての力が、自分の身に染み込んでくる。この蓄積が、たとえば話すときや文章を書くときなどにも生きてくるのである。

暗誦朗誦文化は、戦後の身体文化の軽視と同じように、ここ数年で著しく衰退した。些末な知識の暗記と暗誦とが混同して捉えられる程度の低い事態さえ起こっている。日本ほど暗誦朗誦文化が急激に衰退した国も珍しい。欧米では、いまだに各国を代表する詩人の名文を暗誦するカリキュラムがある。暗誦は一つのトレーニングである。トレーニングを軽視する全体的な傾向が、暗誦朗誦文化の衰退の背景にある。

日本語力を鍛える読書

次のメニューは、散文を読むメニューであった。テキストは、星新一の『きまぐれロボット』(角川文庫)である。ねらいは、本を読むことを習慣化させることである。コピーではなく、実際の本を一人ひとりに手渡したことで、一般に市販されている本がテキストとなることに新鮮な感じを持ってもらう。受験勉強をする者でも、本を読む習慣のない者は多い。本を読む習慣をつけることは、教育において最重要課題だと私は考えるので、市販の本をテキストとした。

なぜ私が読書を重視するのかについて述べておきたい。

現在、読書するという行為は、曖昧で宙ぶらりんな状態にある。というのは、本は読むべきものだという大前提が崩れて、別に読まなくてもいいのではないかという風潮が強まってきているからだ。大学での授業のさい、週に一冊程度の読書習慣があるかないかをアンケート調査すると、六割以上がないと答える。高校卒業時に読書の習慣をつけることは、もっとも重要な教育目的であると私は考える。

しかし現実は、そうなってはいない。ほとんどの学生は本を読む習慣を持たないだけでなく、本を読むことの価値自体を認識していない。私が彼らに刺激をあたえるためにあえて「本を読まない者は大学生ではない」とか「読書習慣を持たない人間は教師になる資格はない」と言うと、第五章でも書いたが、少数ではあるが、「本を読む読まないは個人の自由だと思います」という意見を授業の感想に書いてくる者がいる。私はそこで追い打ちをかけるように「本を読む読まないは自由ではない。サッカー選手が走るトレーニングをするように、相撲取りが四股を踏むように、読書は知的活動の土台を作るものだから、本を読む習慣をつけることはどうしても必要なんだ」と強調する。毎回本の紹介を行ったりすることによって読書の重要性を強調しつづけると、半期の終わりには、八割以上が読書の習慣を持つようになる。

レポートを読んだり、学生同士のディスカッションを聞いていると、どの学生が読書習慣を持っているかがはっきりとわかる。論理の緻密さが読書量と比例関係にあるからだ。もちろん読書習慣のない者でも、ディスカッションでおもしろい意見を言うことはできる。しかし、ディスカッションが複雑になってきたときに、論点の振り分けが読書習慣のない者にはできにくくなる。「ミソもくそもいっしょにしてしまう」類の発言が、読書習慣のない者に多い。読書によって論理的な腑分《ふわ》け能力が向上するということは、それほど時間がかからずに端的に見えてくる。読書をしっかりと始めて半年もたてば、ディスカッションにおいて的外れなことを言う割合が格段に減ってくる。

自分の中に他者を住まわせる

話し言葉と書き言葉は、対立して考えられることが多い。しかし、ディスカッションにおける話し言葉は、むしろ書き言葉に近い性質のものだ。日常的なおしゃべりをそのままディスカッションに持ち込んでいては、レベルの高い議論にならない。有意義なディスカッションにおける話し言葉は、おしゃべりとは次元が異なる。むしろ、本に書かれているような書き言葉と地続きにある性質のものである。

物事を論理的に捉えたり、筋道を立てて思考を展開していくためには、読書はもっとも有効なトレーニングであると考える。唯一絶対ではないかもしれないが、読書は、単純な情報摂取以上の意義を持っている。それは、他者の思考に長時間寄り添う訓練をするということである。本を一冊読むという行為は、新聞記事を読んだり、インターネットで自分に必要な情報を調べるというのとはまったく性質の異なる活動である。本を一冊読み通すためには、著者の思考にいやでも寄り添いつづけなければならない。もちろん、反発を感じる文章もあるだろうし、理解できない文章もあるだろう。そうしたことも含めて、その著者の思考の流れやうねりに自分の思考を寄り添わせていくという作業が、読書のプロセスを通じてずっと行われる。これは、非常に重要な知的活動である。

現在の教育では、「表現」ということが重視されつつある。これはもちろん重要なことではあるが、自分よりも優れた人間の考えに耳を傾け、従うということは、より根底的なトレーニングである。表現は、無から生まれるものではない。多くの他者が自分の中に入り込み、自分を豊かにしてくれればくれるほど、表現も豊かになってくる。典型的な表現活動であると見られる音楽や絵画の世界においても、自分の先達《せんだつ》となる多くの音楽家や画家との出会いが、自分の創作のスタイルを成熟させていくためには非常に重要な要素となる。

自分の中に他者を住まわせる。これが、コミュニケーションと自己形成の基礎となる。コミュニケーションが深く上手にできる人は、自分の中に多くの他者を住まわせることのできる人だ。自分の価値観しか許容できない人は、対話の幅が狭くなる。最終的な価値判断はともかくとして、他者の価値観をとりあえず自分の中にいれて対話できる、そうした器の大きさが対話を深めるのである。自分の価値観と相容れないものは一切うけいれることのできないような小さな器であれば、対話は発展しない。

読書はなぜ大切か

読書という行為は、自分の中に多くの他者を住まわせるトレーニングだ、と述べた。読書によって一人乗りの自転車から乗用車へ、そしてバス、やがては列車へと、自分の中にうけいれられる容量が増え、同時に動力も大きくなる。というのは、読書では、新聞記事やインターネットの記事に比べて、一人の人間とのつき合いが長時間行われるからである。情報を摂取するというだけではなく、人格ある著者と出会い、その人の考えに一度は身を浸すということが、読書ではなされやすい。

著者に心酔してしまうというのは、マインド・コントロール的で危険なことだと思われがちだ。しかし、マインド・コントロールにおいて危険なのは、幅広い読書の習慣を持たずに、一人の考えだけを絶対的なものとすることである。立場も考えも違う著者を何人も自分の中に持っていれば、現実世界において、一人の人間を神のように絶対視することはおこりにくくなる。

対話は、一人対一人が行っているように見えるが、実はその一人ひとりの中に住んでいる多くの他者が総当たり戦を行っていると見ることもできる。一対一ではなく、多対多の関係が対話状況でおこっていると見るのである。そのような観点で対話を見たときに、多くの幅広い読書を行っている者の対話のスタイルは、柔軟でクリエイティブである。自分一人の考えに固まっていたり、ただ一人の絶対的な人間を背景にして話をする者の対話は硬く、新しい意味を生み出しにくい。

通常、コミュニケーションが重要だと言われるさいには、読書が強調されることは少ない。むしろ、話し言葉が想定されている。しかし、深いコミュニケーションや自分とは異なる文化を持つ者とのコミュニケーションにおいては、読書が大きなトレーニング効果を発揮する。おしゃべりは、誰でもできるものであり、あえてコミュニケーションとして重要視するほどのものではない。質の高い対話を求めるのであれば、読書の習慣は最重要視されてよいトレーニング・メニューである。

しかし、本であればなんでもよいというわけではない。できれば偉大な人間の思考を丸ごと身に帯びさせることができれば、器は格段に広がる。従来、古典が強調されてきたのは、そのためでもある。たとえばゲーテやドストエフスキーが自分の中に住んでいるような感覚を持つことができれば、他者とのコミュニケーションのさいに懐の深い対話ができる。

国語教育の誤解

読み書きそろばんと言ったときの読み書きは、シンボル（記号）としての文字を判読できたり、書いたりする能力のことを指している。しかし重要なのは、シンボルとしての文字の操作能力以上に、本を読むことができるという能力である。国語教育の誤解は、ここにある。現在の小中学校の教科書に採録されている文章を調べてみたところ、驚くほど幼稚な文章が多い。名文が少ないのである。これは、小中学校で使われている漢字に制限があり、難解な言葉を排除するという制約があるからだという。

これは、大きな勘違いである。たしかに、読み書きの練習という観点だけからすれば、適度な内容のもので構わないかもしれない。しかし重要なのは、自分の価値観を育てるような感動や驚きのある文章と出会うことである。最高の日本語と幼少期に出会うことが必要なのである。これは、幼いときから最高の名画や名曲と出会うほうがよいというのと、論理的にまったく変わらない。内容をすべて理解できる必要はない。内容のすべてを理解できるものよりも、むしろ部分的な理解しかできないが、凄みや深みを感じさせてくれる名文との出会いのほうが、読書への「あこがれ」を育ててくれる。

内容のすべてを理解できるものや、その時点までの当用漢字でおよそ成り立っている文章を選ぶとすれば、文章を採録する制約が非常に強くなる。小学校の国語の教科書は、読み書きを意識したものであり、読書する力を目標においたものではないと言える。優れた内容を持つ文章を教師が解説しながら朗読するには、四五分あれば相当の数の文章を読み上げることができる。国語の授業時間数を考えるとき、現在の小学校の教科書の内容を一〇倍にして、優れた日本語の文章（翻訳された文章を含む）を大量に子どもに読み聞かせ、あるいは子どもに輪読させることが強力なトレーニングとなる。

三色ボールペンで星新一を読む

テキストとした星新一の本の一話目の「新発明のマクラ」は、文章も短く、オチがあるので、小学校三年生でも十分に楽しむことができる。睡眠学習ができるマクラを発明したが、その効果があらわれるのも眠っているときだけだというのが筋だ。

やり方は、私がまず読んでいくので、それを目で追って話をわかってもらう。一度話を聞いた後で、あらかじめ手渡しておいた三色ボールペンの赤・青・緑を使って本に線をひいてもらう。線のひき方は、赤が「いちばん大事だと思ったところ」、青が「まあまあ大事だと思ったところ」、緑は「話の筋と必ずしも関係なく、自分がおもしろいと思ったところ、こだわりを感じたところ」という分け方である。今回は、赤を二個所まで、青は三個所まで、緑は好きなだけというようにした。物語の筋のうえで、絶対に外せない二個所を選ぶというのは簡単なことではないが、この作業を通して〈要約力〉が鍛えられる。線をひくという作業は勇気がいる。自分の思考のレベルが表に出てしまうからだ。しかし、この

三色ボールペンで熱心に線をひく子どもたち。

作業は非常に具体的なので、子どもが集中しやすい。朗誦・暗誦のときにはきちんと正坐をして、読み上げさせたが、今回は姿勢について注意しなかった。中には寝転がる子もいたが、思考がその作業に集中していたので、いちいち注意はしなかった。このメニューの場合は、意識が高速で働くことが眼目なので、姿勢を正すことに意識を割かせることを、必ずしも要求しなかった。五分もかからずにみなが線をおよそひき終えたが、どこに線をひいたかを聞いていくと、各人の読み方が見えてきておもしろい。そのさいに、なぜそこに線をひいたのかを言ってもらうと、コメント力も同時に鍛えられる。

赤と青は客観的な要約力が試されるものであり、ある程度の範囲の正解はある。緑は自分なりの感性が生かされるものであり、とくに正解はない。客観的な把握と主観的な把握の両方を同時並行して意識的において行うことが、この三色ボールペン方式のねらいである。読む題材そのものも重要ではあるが、それ以上に意識の働かせ方自体を技にしていくことが、このメニューにおいては重要だと考えている。

算数を国語としてやる

算数・数学は、勉強において鬼門となっている。文系と理系が極端に分けて捉えられているのも、算数・数学ができなくなった時点で、文系に自己規定してしまうというところからきている。しかし、数学的なものの見方は、構造的に物事を捉えるためには、文系的な領域にももちろん必要な力である。数式の処理をトレーニングすることは重要であるが、それにもまして、論理を緻密に組み立てて説明できる力はいっそう重要である。第三章の段取り力のところで述べたように、算数や数学の持つ論理性は、段取り力や要約力を鍛える。

そこで、算数や数学が持つ論理的思考力を鍛える性格を、算数がそれほど得意ではない子でも伸ばすことができるように考えたのが、「算数を国語としてやる」という方式だ。やり方の基本は、解き方の段取りを日本語で順序立てて論理的に説明するということである。はじめのうちは、やり方を覚えてもらうために、解答が何個かの数式ですでに示されているものを見ながら、教師がまず日本語で論理の展開を説明し、それを復誦するというかたちをとる。式の論理的な展開を見ながら、しかも直前に日本語での説明を聞いているので、何度か練習しているうちに復誦はできるようになってくる。テキストにできる問題はさまざまありうるが、文章題は、「算数を国語としてやる」方式には適している。子どもたちが一般に苦手意識を持っている食塩水問題を例にとってみよう。たとえば、「五%の食塩水二〇〇gと一〇%の食塩水三〇〇gを合わせると、何%の濃度の食塩水ができるでしょうか」という問題が出されたとする。

こうした問題を、はっきりとした方針を立てずになんとなく解こうとしている子どもは、意外に多い。暗中模索の先が見えない状態で解こうとすると、非常に息苦しくなる。全体の段取りが見えてから解きはじめるようになれば、途中で計算ミスが出たとしても修正が容易である。何がわかればよくて、そのためには何が必要であるのかという論理的な順序関係を、解く前にしっかりと把握しておくことが必要となる。

日本語としての説明は、およそ次のようになる。「これは二つの食塩水を混ぜる問題です。求めるのは、二つの食塩水を合わせた後の食塩水全体の濃度です。濃度は、食塩を食塩水で割ると出ます。この問題では、最後の食塩水の量は、それぞれの食塩水を足したものになります。食塩水の量は足せば簡単に出るので、合わせた食塩の量が出れば答は出ます。まず、はじめの食塩水に含まれている食塩の量を出します。食塩の量の出し方は、食塩水に濃度をかければ出ます。それが出たら、次の食塩水の中に含まれる食塩の量を同じように、食塩水に濃度をかけ算して出します。そうして出た二つの食塩の量を足したものが、最後の食塩水に含まれる食塩になります。その合わせた食塩の量を食塩水全体で割れば、求める食塩水の濃度が出ます」。

書いてみると、非常にくどいようだが、できる子は頭の中でこの作業を素早く行っている。話し言葉で説明するのは、それほど苦痛なことではない。数式は「要約力」の極致なので、本来、無駄が省かれている。式と式との展開には普通、説明をつけない。日本語で算数の解き方の論理的展開を説明するというやり方は、そうした数式の意味を説明し、数式と数式のあいだのつながりを、自分自身で自覚的に把握することに主旨がある。ただ機械的に解くのではなく、なぜそうした式を立てるのか、なぜそうした式の展開になるのか、何を求めようとして今この作業を行っているのかなどを、的確に他者に説明できるような仕方で思考作業を進めることが、算数や数学をやるうえにおいての大きな課題であるはずだ。しかし、実際の授業などにおいては、日本語で細大漏らさずきちんと説明する日本語による説明能力を鍛えあげることは、あまりなされていない。算数や数学のできる力と、日本語で説明する力を地続きにするのがねらいだ。論理の重要なプロセスを漏らさぬように、きちんと説明することができるようになれば、数学への苦手意識も減っていく。

論理的に説明できるか

これは私の思い込みというわけではない。数学の教師や数学者、あるいは化学や物理の高校や大学の教師の方々に、日本語で論理的に説明する能力の必要性を尋ねたところ、完全な賛同を得た。式が出てくると、まったく思考が止まってしまう場合、あるいは文章題になると、まったくできなくなってしまう場合、解くことは解くが、自分が解いていることの意味がわかっていない場合など、式での表現と日本語による表現が往復できないことにその原因があるのではないかという私の考えに、まさにそれが課題だという意見をいただいた。文章題になると急に思考がストップしてしまう子どもがいる。これは、文章題が自然言語、日常的な言語で出されているので、数式の世界の思考と日常言語での思考が完全に分離されている場合には混乱をおこしてしまうことが、その大きな要因である。

塾で先の食塩水問題をやってみたところ、解法は説明されてわかっているけれども自分の言葉で説明はできないと言う子どもがほとんどであった。その原因の一つは、自信がなくて発表できないということだが、このように論理を日本語できっちり説明する練習をしたことがないことも大きい。

論理を説明するトレーニングを恒常化する必要を感じた。一人がやってみせると、ほかの子は続いてできやすかった。「慣れ」が大切だ。

自然言語の世界と図式の世界をつなぎ、往復できる力をつけること。これが、各教科を通じて鍛えられるべき力だと考える。言葉を換えれば、要約力であり、また段取り力でもある。先ほどのようなくどいまでの日本語による説明をしてから数式を見ると、その要約の見事さ、数式の合理的な美しさに気づきやすくなる。自然言語で説明すれば多くの手間がかかってしまうものが、数式だと数行であらわすことができる。こうした数学的な合理性と美を問題を解くたびに感じることが、この「算数を国語としてやる」方式のねらいの一つである。

日常生活の中の数学的思考

論理展開を緻密に日本語で水も漏らさぬように行うことができる能力がつくと、ディスカッション能力は格段に向上する。文章を書く場合も、論理の展開を押さえることができやすくなる。論理的に話し、論理的に書く力は、文系理系などという区分とは無関係に、誰もが鍛えるべき力である。こうした日本語による緻密な論理説明力を鍛えるには、算数や数学、物理学や化学などは格好の題材、テキストである。これらの教科の問題は、そもそもが論理的に構成されているので、論理を踏み外さずに説明する能力を養うためには、むしろ国語の長文を要約する以上に論理力を鍛えやすい。日本語力は、国語という教科に閉じて育てるものではなく、全教科を通じて鍛えることができるものであり、そうすることがまた必要なのである。とりわけ、理数系科目において、日本語による説明能力をつけることは、もっとも効率のよい上達法だと考える。

算数や数学の学習法においては、ひたすら問題を解いてパターンを覚え込むやり方と、解き方をじっくり考えさせるやり方の両極端に分かれがちである。自分がやっていることの意味を説明することができないのも問題であるし、一方でたとえば、「マイナスとマイナスをかけるとなぜプラスになるのか」について延々と議論をさせるタイプの授業もまた、数学の本質をついているかもしれないが、トレーニング・メニューとしては弱いと考える。極端に本質的なことを子どもに直接考えさせるよりも、ノーマルな算数・数学の問題をきちんとした日本語で説明させる練習のほうが、むしろ数学的な論理力を身につけさせるための王道ではないか。

このやり方の利点は、数学ができるようになるというだけではなく、数学的思考を日常生活や仕事において生かしていく橋渡しの作業だということにある。数学の点数がよくても、日常の思考にそれが生かされていないケースもある。細かい論理にこだわりすぎて論理の中の重みづけが狂ってしまい、いわば「木を見て森を見ず」的な錯誤を犯してしまうケースもよく見られる。あることをするためには何が重要な段取りなのかということをはっきりさせるのが、論理力である。

数学は、こうした論理力を鍛えるための最適の練習メニューだ。その練習メニューが、実際の試合であるところの現実世界の思考に生かされないとすれば、それはスポーツで言えば「練習のための練習」にすぎない。練習は試合のために存在する。試合で使うことを念頭において練習をすることが、練習メニューの効果を上げるためのコツである。そのためには、日常言語の世界と数式の世界をつねに橋渡しして往復する力をつける練習メニューを作ることが、もっとも効果的なやり方ではないだろうか。

社会を国語としてやる

大学に入ってくる学生を見ていると、社会科という科目の病理性がよくわかる。理系の学生は、社会科をまったく勉強することがなくても大学に入学できる。したがって、小学生でも知っていそうな歴史的事実を知らない学生も、当然あらわれる。文系の学生であっても、日本史を専攻した場合には、世界史的知識がまったく欠如しているケースが多い。日本史については非常に細かなことまで知っているにもかかわらず、世界史の基本事項を知らないというのが、むしろ普通になってしまっている。また、世界史を受験科目としている場合でも、非常に細かな項目まで暗記しているにもかかわらず、「中世とはおよそどのような時代か」「ヨーロッパ的世界とはおよそどのような世界か」「イスラム世界とキリスト教的世界はどのような関係にあるか」「産業革命と帝国主義はどのような関係にあり、現在の日本にそれがどのような影響をあたえているのか」といった重要な問題に対して、的確に答えることができる者は非常に少ないというのが、現状である。

ここに例示した重要な問題に対しては、小学校高学年から答えることができるように練習してしかるべきだと考える。完全に厳密ではなくとも、およその構造的な把握をすることならば、小学生でも可能である。これも同様に、日本語の説明能力として社会科を考えるという発想からきている。社会という科目を暗記科目として、国語と分けて考えるのは間違っている。歴史家の見解を要約したものが、社会科の教科書となっている。そこには、物事の推移や構造、ものの見方などが書かれている。社会科といっても、その理解はすべて国語力を通して行われると言っても過言ではない。社会科を国語として捉えなおすことによって、前述した最重要の問題にきちんと答えることのできる力をつけやすくなる。

たとえば、産業革命と帝国主義のあいだには明確な関係があり、それが現在の日本にも影響をあたえているという構造を論理的に理解し説明することは、小学生にも十分可能である。まず教師が、その論理的な関係を日本語として説明し、それを復誦してもらう。あるいは、自分の言葉で言い換えてもらう。そうした練習を同じ問題に対して何度もくりかえしているうちに、その論理的説明が身についてくる。

このテーマについて実際に塾で試してみたところ、小学校四年生でも、産業革命・帝国主義・アヘン戦争と明治維新との関係を論理的に復誦することができた。図を見ながら、歴史を論理的に説明する力は、練習して鍛えることができるものだ。

これは、暗記ではない。そこに必然的な論理関係があり、その意味が当人に理解されるからである。私の主張は、論理的に重要な問題をしっかりと見極めて選別し、それに対しては、日本語による説明を誰もがきちんとできるようにするということである。大学に入学するときれいさっぱり忘れてしまうような、重箱の隅をつつく暗記問題に終始するのではなく、一生使いこなせる歴史認識や社会認識を、小学生のときから反復練習して身につけることが重要である。

図化と文章化の往復

古代のことはよく知っているにもかかわらず、近現代社会については授業が進んでいないためにまったく知識がないというケースは、一般によく見られる。知識の重みづけが狂っているのである。私の構想としては、最重要テーマを五〇から一〇〇個選び、それを構造的に説明する図(チャート)と、それを自然言語によって説明する文章をセットにしたものを、テキストとして編んでいくことである。自然言語による説明を図としてあらわす力。また逆に、図として構造的にあらわされたものを、自然言語によって説明する力。この二つの力をともに持つことが、すべての教科を通じて養われる技であると考える。だらだらとした説明が続いて、構造をすっきりと一目でわかるように示すことのできない人は多い。構造的な把握と自然言語による緻密な説明能力とをあわせ持ち、図化と文章化を往復できる技を鍛えていれば、およそどのような問題に対しても対処できる。

学校の授業では、教師が図を作り、それを用いて自分で説明してしまっているケースが多い。これでは図化する能力も日本語で説明する能力も、実際に鍛えられているのは教師だということになってしまう。子どものほうが、文章での説明を聞いて自分で図化したり、図を見て自分で説明をしてみたりといった作業を行うことを授業の中心に組み込まなければ、子どもの力はつかない。教師がすべて行ってしまうような授業は、いわばテニススクールで、コーチが生徒を前にして延々と上手に球を打つところを見せつづけている、というようなものかもしれない。一方で、ディベート方式を中心として、生徒に議論をさせる授業を多用する授業もある。これはこれで意味のないことではないが、ディベート気分に浸って、基本的な認識をトータルに鍛えることがおろそかになってしまう危険性もある。一〇回授業をうければ、少なくとも一〇個の最重要テーマについて、きちんとした構造的説明ができるようになる。こうした力を、授業は保証すべきであると考える。

生きる力を鍛える

「斎藤メソッド」で行った、身体と日本語力を基本にしたメニューは、〈三つの力〉と密接に絡んでいる。コメント力、要約力、質問力は、日本語力そのものである。段取り力もまた、構造的に物事を把握し、秩序づけて構成する日本語の力に支えられている。まねる盗む力も、暗黙知をポイントをつかんで言語化し、形式知の世界へとひき戻すことを通して鍛えられる。ここでも、言葉にする力が求められる。理屈をこねまわすような言葉ではなく、しっかりとポイントをつかんだ言葉の使い方を習得し、現実に使いこなしていくことができれば、生きる力は確実に鍛えられる。

まねる盗む力は、日本語力と同時に、からだを通した想像力をも要求する。からだが動き、相手にレスポンスすることを通して、まねる盗む力は鍛えられる。冷えた動けないからだでは、まねて盗むことはできない。相手のからだの動きに内側から自分のからだを合わせていくような、想像力とからだの動きのよさが、まねる盗む力を鍛える場面では要求される。段取り力もまた、全体の動きの中で自分がどう動けるかというアクティブな構えを持つことによって、実質的な効力を発揮する。自分のアクティブな動きのないところで組まれる段取りは、意味がない。つねに自分が動くことを計算しながら段取りを組み替えていくのである。コメント力や質問力といったコミュニケーションの技もまた、実際には、うなずいたり微笑んだり目を合わせたりといった身体的コミュニケーションに基礎づけられて増幅する。相手や状況に対してレスポンスできるからだが、〈三つの力〉の底流となっている。したがって、からだと日本語力は、〈三つの力〉と別のカテゴリーというわけではなく、求められる基本的な力を別角度で切ってみただけのことである。

この本を通して強調してきたことは、生きる力の基本は何であるのかをはっきりさせ、それを反復練習によって鍛えるということである。基本を見失えば、浮き足立ってしまう。困難な状況に陥ったときにこそ、帰るべき基本を持っていることが強みとなる。しかも、何が基本であるかということについて、共通の認識を持ちあうことによって、この力は格段に伸びてくる。結果としてなんとなく力がつくというのではなく、今この力を伸ばしているのだという意識を共通に持つことによって、上達は加速する。コンセプトを共有し、地に足をつけて、こうした力を伸ばしていくことこそが、未来を作る王道である。

あとがき

最近、〈教育欲〉という概念を考えている。支配欲とも権力欲とも違う、相手を教育したいというやみがたい衝動が、私たちの中にはあるのではないか。子どもたちに何かを必死になって伝えようとしているときに、将来その教育を回収しようと思ってやっているわけではない。食欲、性欲に続く本能のようなものとして、〈教育欲〉というものを考えると、私たちの行動のあるものがすっきりと理解できるような気がする。

誰もが子どもたちに伝えたいものを持っている。しかし、本当に伝えたいものは何かということになると、よくわからなくなる。この本では、私が考える「子どもたちに伝えたい〈三つの力〉」を提言してみた。まねる盗む力、段取り力、コメント力（要約力・質問力）はどれも、力である。技と言ってもいい。力や技を身につけさせたいということだ。というのは、力や技がある分だけ、自由の幅もまた広くなると考えるからだ。

基礎的な力を三つにしぼり込んだ。それぞれ次元が違う力を設定した。三つにしたのは、覚えやすいからという理由とともに、読み書きそろばんのヴァージョン・アップを作りたいという思いがあったからだ。

この本には、私の教育研究と教育実践のエッセンスをできるだけ詰め込むようにした。NHKブックスでの前著『身体感覚を取り戻す〜腰・ハラ文化の再生』では、私の身体論の基本的な考えを凝縮したが、今度もまた、基本的な考えを漏らさないように努力した。自分の専門が教育学であるにもかかわらず、『教師＝身体という技術』（世織書房）を除けば、教育学関係の著作がこれまでなかった。私にとってこの本は、自分の教育学の一般向けの主著という位置づけを持っている。最後の章では、「斎藤メソッド」という現在進行形の塾の実践をいれた。理論と実践を分離せず、つねにアクティブに連動させていくというのが、私のスタイルだ。そのほかの箇所でも、私自身が行っている実践を具体的に紹介した。そのスピード感とリアリティを楽しんでください。

この本では、私の実践を紹介していますが、明治大学をはじめ、立教大学や東京学芸大学、東京大学、世田谷市民大学の学生のみなさんや「斎藤メソッド」に参加してくれた小学生のみなさん、私の研究会に参加してくれた教師の方々に感謝します。〈三つの力〉にかんしては、『「できる人」はどこがちがうのか』（ちくま新書）と『世界』（二〇〇一年四月号）所収の論文「学校は何をする場所か」を参考としてあげておきます。私の著作や活動については、http://www.kisc.meiji.ac.jp/~saito/を参照してください。

この本がなるにあたっては、前著同様、NHK出版の石浜哲士さんとアシスタントの嶋田恭子さんに全面的にお世話になりました。一〇年来考えて実践してきたことを凝縮させたいという欲張りな気持ちが私にあったので、編集作業ではいろいろとご面倒をおかけしました。石浜さんの素晴らしい企画力のおかげで、今回もまた盛りだくさんな内容とすることができました。カバーに松本大洋さんのカットを使わせてもらうというのも石浜さんのアイディアで、それをきっかけに、本文中でマンガをテキストに、各概念の説明をすることができました。嶋田さんにも、毎度のことながら大変お世話になりました。企画構成から資料収集や校正といった細々した作業まで、ハードスケジュールの中ご協力をいただきました。私たち三人で話しているうちにアイディアが次々とわき出し、それを本に生かしていくというのが、前著同様、本を作るにさいしての基本パターンでした。本書はまさに、ゴールデン・トライアングルの賜ものと申せましょう。お二人に深く感謝いたします。

二〇〇一年一〇月三一日

斎藤　孝

斎藤　孝——さいとう・たかし

●1960年、静岡生まれ。東京大学法学部卒業。同大学大学院教育学研究科学校教育学専攻博士課程修了。現在、明治大学文学部助教授。専攻は教育学・身体論。教職課程で中高教員の養成に従事。
http://www.kisc.meiji.ac.jp/~saito/

●著書:『宮沢賢治という身体』『教師＝身体という技術』『「ムカツク」構造』（以上、世織書房）『身体感覚を取り戻す～腰・ハラ文化の再生』（NHKブックス、新潮学芸賞）『子どもたちはなぜキレるのか』『「できる人」はどこがちがうのか』（以上、ちくま新書）『スラムダンクを読み返せ!!』（パラダイム）『声に出して読みたい日本語』（草思社）『自然体のつくり方』（太郎次郎社）
近刊予定:『息の社会学』（世織書房）『昭和の子どもたち（仮）』（NHKブックス）

NHKブックス［928］

子どもに伝えたい〈三つの力〉　生きる力を鍛える

2001年11月20日　第1刷発行
2002年1月10日　第3刷発行

著　者　斎藤　孝
発行者　松尾　武
発行所　日本放送出版協会
東京都渋谷区宇田川町41-1　郵便番号 150-8081
電話 03-3780-3317（編集）03-3780-3339（販売）
http://www.nhk-book.co.jp
振替 00110-1-49701
［印刷］誠信社　［製本］芙蓉紙工　［装幀］倉田明典

落丁本・乱丁本はお取り替えいたします。
定価はカバーに表示してあります。
ISBN4-14-001928-X C1337

NHKブックス　時代の半歩先を読む

＊教育・心理・福祉